中華文化輕鬆讀
10

展現悠久歷史
探尋中華文化

白巍 戴和冰 主編

戴和冰 著

中國文學

超越語言和形式的化境。

總　序

　　時下介紹傳統文化的書籍實在很多，大約都是希望通過自己的妙筆讓下一代知道過去，了解傳統；希望啓發人們在紛繁的現代生活中尋找智慧，安頓心靈。學者們能放下身段，走到文化普及的行列裏，是件好事。《中華文化基本叢書》書系的作者正是這樣一批學養有素的專家。他們整理體現中華民族文化精髓諸多方面，取材適切，去除文字的艱澀，深入淺出，使之通俗易懂；打破了以往寫史、寫教科書的方式，從中國漢字、戲曲、音樂、繪畫、園林、建築、曲藝、醫藥、傳統工藝、武術、服飾、節氣、神話、玉器、青銅器、書法、文學、科技等內容龐雜、博大精美、有深厚底蘊的中國傳統文化中擷取一個個閃閃的光點，關照承繼關係，尤其注重其在現實生活中的生命性，娓娓道來。一張張承載著歷史的精美圖片與流暢的文字相呼應，直觀、具體、形象，把僵硬久遠的過去拉到我們眼前。本書系可說是老少皆宜，每位讀者從中都會有所收穫。閱讀本是件美事，讀而能靜，靜而能思，思而能智，賞心悅目，何樂不爲？

　　文化是一個民族的血脈和靈魂，是人民的精神家園。文化是一個民族得以不斷創新、永續發展的動力。在人類發展的歷史中，中華民族的文明是唯一一個連續五千餘年而從未中斷的古老文明。在漫長的歷史進程中，中華民族勤勞善良，不屈不撓，勇於探索；崇尚自然，感受自然，認識

Knowledge House　Walnut Tree

Knowledge House   Walnut Tree

自然，與自然和諧相處；在平凡的生活中，積極進取，樂觀向上，善待生命；樂於包容，不排斥外來文化，善於吸收、借鑒、改造，使其與本民族文化相融合，兼容並蓄。她的智慧，她的創造力，是世界文明進步史的一部分。在今天，她更以前所未有的新面貌，充滿朝氣、充滿活力地向前邁進，追求和平，追求幸福，勇擔責任，充滿愛心，顯現出中華民族一直以來的達觀、平和、愛人、愛天地萬物的優秀傳統。

　　什麼是傳統？傳統就是活著的文化。中國的傳統文化在數千年的歷史中產生、演變，發展到今天，現代人理應薪火相傳，不斷注入新的生命力，將其延續下去。在實踐中前行，在前行中創造歷史。厚德載物，自強不息。是為序。

湯一介

序

高山流水待知音

世上許多事物，你可以輕易說出它的功用，例如刀子可以用來削蘋果、鈔票可以買東西、汽車可以代步等，但文學有什麼用呢？相信很難找到讓人滿意的具體答案。飢餓時，文學不能換麵包；天冷時，文學又不能當柴燒；在你窮途末路之時，文學更不能拯救你於水火之中。那麼，文學真的無用嗎？若果如此，那從古到今，為何又有那麼多人去讀文學作品、寫文學作品？莫非他們都是瘋子？

中國古代的文人認為文學很有用。孔子就說過讀詩可以了解社會及民情，可以教人如何侍奉父母和君主，也可以讓人得到更多知識。這些都是社會功能，後來更被註釋《詩經》的人擴大到「經夫婦，成孝敬，厚人倫，美教化，移風俗」的層面。至於後代，「文以載道」之說影響由唐代及至清代，這都代表文學有其社會功能，可以宣揚道德教化。至少，中國讀書人相信「知人論世」「以意逆志」，也就是通過文學，可以掌握一個人的心志性情。例如陶潛之高潔雅淡、杜甫之感時憂國，不就是用他們的作品去印證、總結出來的嗎？你看，文學不是很有用嗎？

相信精明的讀者已經發現，這是不合邏輯的論述！文學可以發揮以上功能，前提是文學所寫的都是真實、可信的。可是，文學既包含著作家的主觀想像，它從本質上已經不是真實的，那又如何可以「信實地」印證一

個人的心志？如何可以「信實地」反映一個時代的情況？這根本是一個不當預設。

就讓我們談談文學的眞實性吧。

根據經驗，我們能夠了解各種眞實，例如被針刺中會覺得痛，冰天雪地會感到寒冷，太陽早上從東面升起然後傍晚在西方落下，烏雲密佈接著是滂沱大雨，等等。這些眞實客觀存在，無須依賴主觀情緒，根據經驗就可認識到。除了這種眞實外，還有一種「眞實」，它由想像創造、情感催發，它不必客觀，自然不必合乎邏輯。例如李白在《下江陵》中寫道「朝辭白帝彩雲間，千里江陵一日還」。唐代的小舟再快，也不可能日行千里；可是詩人寫詩時心情輕快，在他的想像裏，千里之遙只需一日就能走完，這是感覺的「眞實」。你可以說這種「眞實」不合邏輯，但你不能否定這種「眞實」，難道從詩人的角度，感覺的「眞實」不是比經驗的眞實更加「眞實」嗎？這就是文學的眞實。孟郊有幾句詩云：「天地入胸臆，吁嗟生風雷。文章得其微，物象由我裁。」畫家張璟名言：「外師造化，中得心源。」帶出了作者創作時的主觀性，所謂「造境」，就是融合客觀世界與主觀感覺的文藝之境，亦即上文所言的文學的眞實。文學的眞實必然帶有抒情性，因爲它的呈現方式與內容取決於作家的情感，假如作家情

感歡愉，即使滿眼蕭然之景，他也可以選取最有生命力、最富色彩的物色來構築他的「眞實」。

如此，無論讀之、寫之，我們所接觸或構造的都是由情感干預而成的「眞實」；若執著客觀或邏輯去質詢中國文學，便肯定苦無結果，讀文學作品亦變得索然無味了。中國素有詩國之稱，除了因爲詩是歷代最常用的文類外，亦因爲詩的抒情性已滲透至各個文化領域，例如書畫的形神論、園林建築的借景法、戲曲的虛擬化表演等，都以抒情爲目的，以文學的「眞實」爲高雅的境界。唯有明白這個道理，我們才能進入中國文學的園地。

話說回來，中國歷代曾經提倡過的那些文學功能，生活在二十一世紀的我們不必全盤認同，因爲文學的功能會隨著時代的遷移而變化。可是，無論文學的功能如何變化，中國文學本質上與抒情的關係卻無法分割。所以，讀中國文學作品，你得到的藝術美感不止是修辭上的精巧亮麗，更是這些修辭背後蘊含的、屬於作家的生命情懷。也在這個層面上，讀者與作者可以溝通，因爲情感可以超越時間、空間、物質等限制，讓我們與作者成爲朋友。春秋時代有一對好友，伯牙精於彈琴，鍾子期善於聽琴。當伯牙彈琴時想著高山，鍾子期會說「善哉乎鼓琴，巍巍乎若泰山」，伯牙想

著流水，鍾子期又會說「善哉乎鼓琴，湯湯乎若流水」。後來鍾子期去世，伯牙將琴敲碎，因為他的知音人已經不在了，再彈琴又有何意思呢？作者將情感投注於文學作品，我們讀文學作品，又能否將情感放入，成為作者的知音呢？

　　本書的設計，不在講解中國文學的專門知識，不在網羅中國文學的作家作品，不在剖析中國文學的流派思想。這只是一本導讀，介紹中國文學與抒情的關係，說明這些情感與生活的扣連，僅此而已。

目 錄

參考文獻

中國文學

①

文　學

▌中國的「文學」概念

子曰:「小子,何莫學夫《詩》?《詩》可以興,可以觀,可以群,可以怨;邇之事父,遠之事君;多識於鳥獸草木之名。」

——《論語·陽貨》

現代的「文學」(literature) 泛指詩歌、散文、小說等以文字爲主的藝術形式,它可以承載思想感情,某種程度上也可以反映特定時代的生活面貌。「文學」這個詞在中國很早就出現了,可是它指涉的卻不是我們現在泛用的那個概念。它主要指「文章之學」,即有關實用性文章的學問。孔子(前551—前479)(圖1-1)弟子三千,出色

圖1-1 《孔子像》,宋,馬遠繪,絹本,北京故宮博物院藏

孔子在中國文化史上甚富象徵意義,他的許多話被認爲是金科玉律。他很少談到文藝,即使提及,也主要是關於文藝跟個人情志或政治的關係。這兩種思路,卻成爲了後代文藝理論的根本。

圖1-2　《鹿鳴之什圖》，宋，馬和之繪，絹本設色，北京故宮博物院藏

《鹿鳴》詩云「呦呦鹿鳴，食野之苹。我有嘉賓，鼓瑟吹笙」，這首詩描
寫了主人與賓客同樂的歡愉。漢代毛氏父子對《詩經》作出許多政治解
讀，例如認為這首詩指忠臣嘉賓得到優厚的招待，就會盡心回報主人。

的學生約有七十人，其中子游（前506—?）和子夏（前507—?）就是「文
學」表現最好的兩人。若從文字藝術層面而言，「詩」、「文」、「賦」
等詞都較「文學」來得準確。那麼，中國古代是不是就沒有「文學」的概
念呢？那就要從「文」這個字說起了。

　　早在使用甲骨文的時代，「文」字已經出現，它的本義是花紋或紋
飾，後來經過不斷使用，引申為修飾之辭的意思。孔子說：「言之無文，

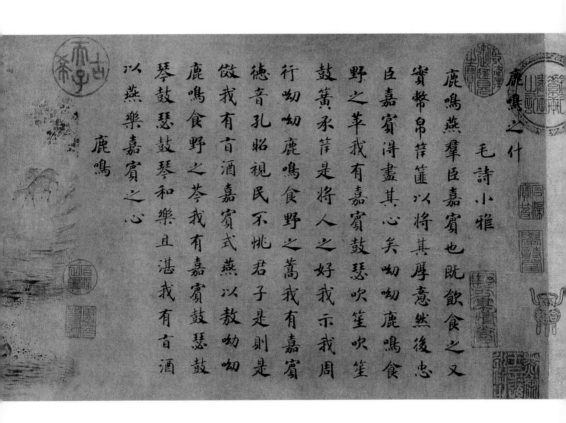

行而不遠。」就是說如果言語（或文字）沒有恰當的修飾，就不能流傳很遠。又說：「質勝文則野，文勝質則史。文質彬彬，然後君子。」意思是君子必須內（質，形於內的本質）外（文，形於外的文采）兼備。「文」在戰國時已有兩個特點，一是修飾、修辭之義，二是有功能性，可以被使用。至於「詩」，我們都知道《詩經》是中國最早的詩歌總集，以現今的眼光看它絕對是文學作品，但在孔子的時代卻很少探討詩的文學性，他們

圖1-3 《節南山之什圖》，宋，馬和之繪，絹本設色，北京故宮博物院藏

節南山就是終南山。據學者考證，這首詩應寫於周室東遷前的周幽王時期，其時國家內憂外患，幽王寵信小人。這首詩以終南山的嵯峨山勢起興，抒發對國家政治狀況的不滿。

更關心如何用詩的問題。（圖1-2）（圖1-3）再以孔子的話爲例，他認爲讀詩很有用：「《詩》可以興，可以觀，可以群，可以怨；邇之事父，遠之事君；多識於鳥獸草木之名。」讀詩可以興發情志、可以觀察民情、可以有助溝通、可以抒發怨情，這些功能在家庭、社會中都用得到。孔子是從文學的功能方面討論詩，這很切合當時的社會，因爲當時士人交談，或者政治談判，說話者往往引用詩句，以達到預期效果。好像《左傳》記載魯文公十三年（前614），文公與晉國會盟後回國，途經鄭國，鄭伯宴請文公，

席間鄭國公子賦《鴻雁》之詩，希望魯文公再到晉國一趟，為鄭國與晉國講和，不直接道明目的，而以詩句來表達。這樣用詩於當時很普遍，所以孔子曾說「不學詩，無以言」，詩的功能性在當時是遠遠大於藝術性的欣賞價值的。

到了漢代，《詩經》成為了儒生日夕研讀的經典，他們認為其承載著先哲前賢的政治智慧；至於其文學性，就不必去管了。當時人們認為舞文弄墨是很低層次的事，有抱負的人是不該幹這事的。揚雄（前53—18）

圖1-4 揚雄像，明刻本《歷代古人像贊》

揚雄，一作「楊雄」，少時傾慕司馬相如，寫了不少辭賦，後來卻認為撰寫辭賦是「彫蟲篆刻」的行為，於是轉而研究哲學和語言學，代表作有《法言》和《方言》。

（圖1-4）是西漢有名的學者，他年輕時很喜歡寫賦（當時流行的文學作品體式），後來專門研究儒學，便鄙薄辭賦，認為寫這些文學作品是彫蟲小技，「壯夫不為」的。其實，文學作品與生活、人情息息相關，任何時代、任何地域都有可供吟詠的事情，自然也可以寫出文學作品來。你可以用功能性的眼光來看文學作品，或者不承認文學作品的地位，但你卻不能禁絕文學作品的創作。所以，在漢代，經學極盛，但辭賦詩歌的創作亦極盛，諸如張衡（78—139）的《歸田賦》（圖1-5）、班固（32—92）的《兩都賦》、「建安七子」的詩作等，許多名篇佳作的作者，本身是學富五車的學者，可見文學生命和學術生命是可以並行不悖的。

從現存的文獻看來，魏晉南北朝是中國文學重要的時代，因為這個時代產生了為數不少的文學評論著作，如鍾嶸（約468—518）的《詩品》、劉勰（約465—520）的《文心雕龍》等，又出了大量專以詩文聞名的文學家，如曹植（192—232）、陸機（261—303）、陶淵明（約365—427）

等。當時有種觀念叫「文筆之分」，大意是有韻律的叫作「文」，無韻律的叫作「筆」。這觀念很重要，因為它代表著人們對文學藝術形式的重視，從功能性評判以外另闢蹊徑。而大量文學評論著作的出現，亦表示當時文人直接面對文學問題，如創作靈感、藝術表現、文體特徵等。蕭統（501—531）（圖1-6）《文選》選輯了自漢至梁的文學作品，他在序中明言，這部選集的選輯標準是從文學上考慮的，他說先哲的論文，不能妄加刪選，這些文章寫得雖好，但卻「以立意為宗，不以能文為本」，所以沒有選入。選入該集的作品都是「事出於沉思，義歸乎翰藻」，亦即源於感興、成於修辭的文學作品。（圖1-7）有論者認為，魏晉南北朝是「文學自覺的時代」，的確，從那時起文人自覺地從文學的角度去讀文學作品、寫文學作品，好的文學作品不一定有經國之大用，但卻可化成不朽的文心詩魂，流芳萬世。

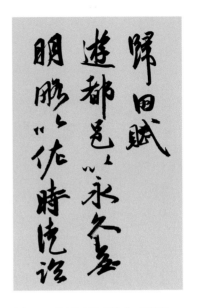

圖1-5 《行草〈歸田賦〉》（局部），明，祝允明書，天津市藝術博物館藏

漢代的賦主要分「大賦」和「小賦」兩種，前者普遍鋪陳物事典故，後者則傾向抒發個人情感。張衡《歸田賦》即屬於小賦，作品寄寓了歸隱田園的想像和對隱居生活的憧憬。

　　中國人喜歡談文學的價值，例如「言志」和「載道」，這是中國文學的特點。當我們走近它、接觸它時，我們會發覺中國文學與作者和世界的關聯是多麼密切。「文學」是一個很複雜的概念，我們沒必要為它尋求一個放諸四海皆準的定義，反而可從前人如何思考「文學」中體會中國文化的精華；因為，「文學」真正融會了中國人對世界、對人事的看法，以至對生命的感悟。王國維（1877—1927）在《人間詞話》中以幾句詞來概括

圖1-6　蕭統像，明刻本《歷代古人像贊》

從政治角度看，昭明太子蕭統可謂無甚建樹。但他對文學的熱愛和貢獻，已足以讓他在文學史上留下不可抹掉的一筆。由他主編的《文選》是中國文學史上第一部詩文總集，後代學者對此研究蔚然成風，致有「文選學」之出現。

圖1-7　《文選》書影，明刻本《六臣注文選》，項氏萬卷堂田汝成重刊本

《文選》又名《昭明文選》，60卷，選入賦、詩、騷、詔、表、書等三十多種體裁的作品。蕭統在序中言選錄作品不重政治教化功能，而以文學、藝術性為標準，這無疑肯定了文學的獨立性。

人生的三個境界，他說古今之成大事業、大學問者，必經過三種之境界：「昨夜西風凋碧樹。獨上高樓，望盡天涯路。」此第一境也。「衣帶漸寬終不悔，為伊消得人憔悴。」此第二境也。「眾裏尋他千百度，驀然回首，那人卻在，燈火闌珊處。」此第三境也。此等語皆非大詞人不能道。

文學與人生密不可分，這就是中國的「文學」了。

▋ 中國文學的體裁

　　律詩起承轉合，不為無法，但不可泥，泥於法而為之，則撐拄對峙，四方八角，無圓活生動之意。然必待法度既定，從容閒習之餘，或溢而為波，或變而為奇，乃有自然之妙，是不可以強致也。若並而廢之，亦奚以律為哉？

——李東陽《麓堂詩話》

　　文學是一個活潑紛繁的園地，在這裏，文學家利用各種文體，展示他們獨特的精神意趣。植物界有喬木、有灌木、有花、有草，花類中又有薔薇科、鳳仙花科、孔藥花科等；文學下也有詩、散文、小說、戲劇，詩之下又有四言詩、古詩、律詩、絕詩等，散文下又有古文、八股文、銘文、誄文等，小說之下又有筆記小說、傳奇、白話小說、章回小說等，戲劇之下又有雜劇、傳奇等。種類之多，真說得上是繁花競豔、目不暇給。

　　有人稱中國為「詩國」，因為詩在中國文學裏地位超然。在中國古代，詩用得很廣泛，考試、飲宴、送別、讀書、饋贈等場合都會用詩。孔子說「不學詩，無以言」，就說明了詩之應用是如何廣泛。古希臘的詩是

指悲劇，後來才是指那些形式上押韻、語言凝練、可以吟誦的藝術文本。中國的詩的涵義則相對固定，它的形式雖然歷來有變化，但它從本質上是一直與文章、戲劇等文類分別開來的。簡單來說，在孔子的時代（距今約二千五百年），詩主要是四言的，吟誦時它的音節多是二字一節的，如「關關—雎鳩，在河—之洲，窈窕—淑女，君子—好逑」。中國字是一字一音的，所以必須透過字與字之連合，來構成節奏。後來詩歌的體式得到發展，有古、律、絕等體，但每句的字數也主要是五言和七言。五言的節奏多是「二三」，如「煮豆—燃豆萁，豆在—釜中泣。本是—同根生，相煎—何太急」（曹植《七步詩》）。七言則變化多一些，節奏主要是「四三」及「二二三」的，

圖1-8　杜甫詩集書影，明刊本《集千家注批點補遺杜工部詩集》

杜甫精於律詩，他的作品經常被用作教材示例，加上他的思想價值非常符合儒家的一套，所以讀書人都必須讀他的詩。相傳為杜甫詩集作注的不下千家。

如「秦時明月—漢時關，萬里長征—人未還。但使—龍城—飛將在，不教—胡馬—度陰山」（王昌齡《出塞》）。詩人除非要利用特殊的節奏營造某種效果，否則很少會在音節上標奇立異。中國詩分為古體和近體，前者雖然也有押韻、轉韻上的限制，但相對自由。近體詩則很重視格律，它在句數、聲音、修辭上都有嚴格規定，（圖1-8）例如七律詩的其中一種格式是「平起首句不入韻」，它規定第一句的第二字要用平聲，每雙數句的最後一字必須押韻，第二三句、四五句必須用對仗手法等，如以下杜甫

（712—770）的《客至》：

舍南舍北皆春水，但見群鷗日日來。

｜—｜｜——｜　｜｜——｜｜—

花徑不曾緣客掃，蓬門今始爲君開。

—｜｜——｜｜　———｜｜——

盤飧市遠無兼味，樽酒家貧只舊醅。

——｜｜——｜　—｜——｜｜—

肯與鄰翁相對飲，隔籬呼取盡餘杯。

｜｜———｜｜　｜——｜｜——

中國文字有平、上、去、入四聲，平爲平聲（引例用「—」標識），仄爲上、去、入三聲（引例用「｜」標識）。在律詩裏每句七字，一三五字的平仄必須嚴格遵從規定，二四六字則活用不妨。（圖1-9）對仗就是名詞對名詞、動詞對動詞等規定。押韻就是說要用同一個韻部的字。以上的規

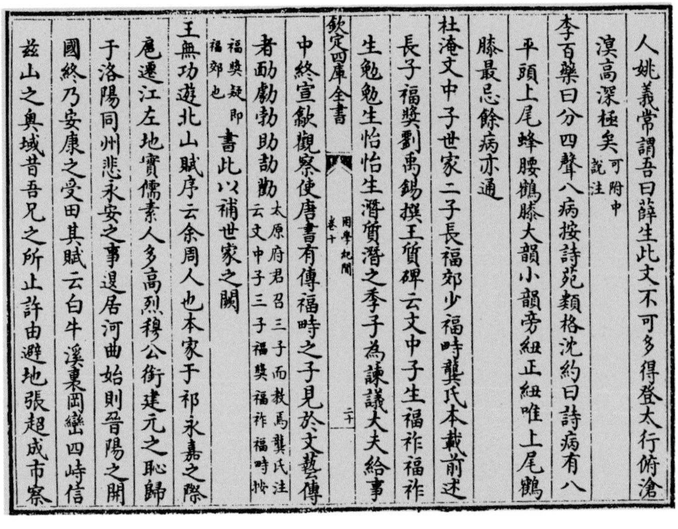
人姚義常謂吾曰薛生此文不可多得登太行俯滄
溟高深極矣（可附中說注）
李百藥曰分四聲八病按詩苑類格沈約曰詩病有八
平頭上尾蜂腰鶴膝大韻小韻旁紐正紐唯上尾鶴
膝最忌餘病亦通
杜淹文中子世家二子長福郊少福畤龔氏本載前述
長子福奬劉禹錫撰王質碑云文中子生福祚福祚
生勉勉生怡怡生潛質潛之季子為諫議大夫給事
欽定四庫全書　困學紀聞　卷十　二十
中終宣歙觀察使唐書有傳福畤之子見於文藝傳
者勔劇勃助勸勸（太原府君召三子而教焉龔氏注云文中子三子福奬福祚福畤按）
（福奬疑即福郊也）書此以補世家之闕
王無功遊北山賦序云余周人也本家于祁永嘉之際
扈遷江左地實儒素人多高烈穆公銜建元之恥歸
于洛陽同州悲永安之事退居河曲始則晉陽之開
國終乃安康之受田其賦云白牛溪裏岡巒四峙信
茲山之奧域昔吾兄之所止許由避地張超成市察

圖1-9　王應麟《困學紀聞》書影，文淵閣《四庫全書》本

律詩的成熟與「四聲八病」的研究息息相關。宋代王應麟（1223—1296）《困學紀聞》就記載了南朝文學家沈約提出的「八病」，即平頭、上尾、蜂腰、鶴膝、大韻、小韻、旁紐、正紐。

定看起來很煩瑣，但卻使律詩具備音律上、結構上的美感，所以千百年來詩人都會遵從這套規定。（圖1-10）二十世紀初，有人認為這些規定使詩人「戴著腳鐐跳舞」，應該廢除。結果引發一場「什麼是詩」的論爭，而寫詩亦終究不能夠完全不講形式。其實，無論是詩詞，還是戲曲傳奇，它們的形式都經過長久以來的錘鍊，對敘事抒情及表演都很有意義。（圖1-11）所以說，這些文學形式包含著中國文化的精粹，絕不能棄之不顧。（圖1-12）

　　相對於詩，文的規限就沒那麼多，但「得體」是普遍的要求。例如，賦要寫得鋪張華麗，銘要寫得典雅莊重，八股一般要

圖1-10　《晴川攬勝圖》，清，惲壽平繪，綾本設色，遼寧省博物館藏

崔顥《黃鶴樓》詩律工整，意境悠遠，是一首被選錄最多的作品。全詩是：「昔人已乘黃鶴去，此地空餘黃鶴樓。黃鶴一去不復返，白雲千載空悠悠。晴川歷歷漢陽樹，芳草萋萋鸚鵡洲。日暮鄉關何處是，煙波江上使人愁。」

有起承轉合等。當然，有些文也可以很活潑、很自由，如明代很流行的小品文，就沒有什麼規限，只要能夠體現出生活情趣就好了。

　　文學與生活密不可分，不少文學體式都體現著生活情趣。例如詞，它本來是用來唱的，所以這種文體就有詞牌，限制著詞的句式和音節，如「念奴嬌」「淡黃柳」等。（圖1-13）古代有些文人精通音律，懂得編曲，

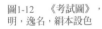

圖1-12　《考試圖》，明，逸名，絹本設色

中國素有「詩國」之稱，唐朝從武則天起甚至以詩賦取士。所以，寫詩可以說是讀書人的必備技能，而詩歌的格律，亦在這種氣氛下逐漸成熟和鞏固。附圖畫的是科舉考試時的情況。

詞律卷二

陽羨萬　樹紅友論次　蘇完恩　錫竹樵　秀水杜文瀾筱舫　校刊

憶王孫 三十一字 闌干萬里心 又名豆葉黃　李重元

萋萋可仄芳草憶王孫 韻 柳可平外樓高空可仄斷魂 叶 杜可平宇聲聲不

忍聞 叶 欲黃昏 叶 雨可平打梨花深可仄閉門 叶

詞林萬選云元人北曲一半兒即是此調蓋其末句云一半兒○　○一半兒○添兒字襯即曲調矣然元曲亦有憶王孫與此同者

當是一調異名北曲末一字多用上聲詞則無之空深二字用平　不字亦作平最起調雖不拘然名詞名曲多得此訣但可爲知者

道◯按此詞載於淮海集中因顧從敬草堂詩餘誤爲李重　耳元作萬氏從之又觀按他刻爲李甲作李甲字景元疑草堂之

作重元乃景　元之誤也

又一體 雙調 五十四字　周紫芝

梅子生時春漸老 韻 紅滿地 豆 落花誰掃 叶 舊年池可仄館不歸來 句

又綠盡 豆 今年草 叶 思可仄量千可仄里鄉關道 叶 山共水 豆 幾時得

詞律　卷二　一　中華書局聚

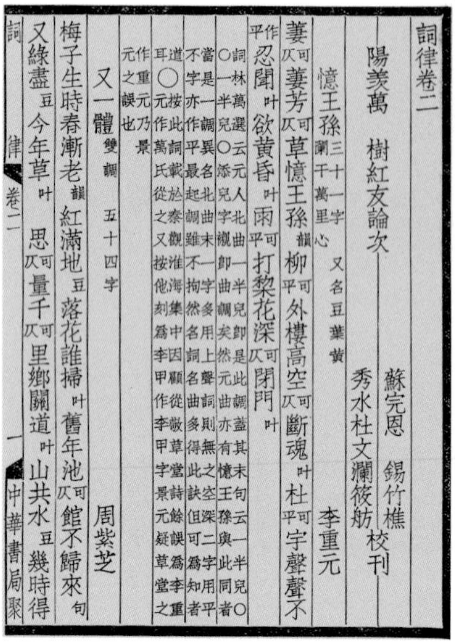

圖1-13　《詞律》書影，清，萬樹撰《詞律》

詞因爲需要演唱，所以對音樂要求也相當嚴謹。詞牌就是曲的名稱，每一首樂曲都有既定的用韻及平仄要求。附圖的《詞律》就是這方面的專書，它除了記錄詞牌的格律要求外，亦說明了該詞牌的歷史沿革及變化。

白石道人歌曲卷之五

番陽　姜　夔　堯章

自度曲

揚州慢 中呂宮

淳熙丙申至日予過維揚夜雪初霽薺麥彌望

入其城則四顧蕭條寒水自碧暮色漸起戍角

悲吟予懷愴然感慨今昔因自度此曲千巖老

人以爲有黍離之悲也

淮左名都竹西佳處解鞍少駐初程過春風十里盡薺

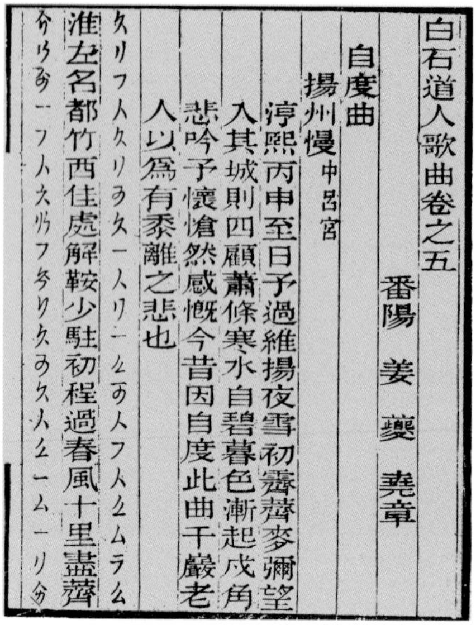

圖1-14　《白石道人歌曲》書影，清刻本

南宋姜夔精於作曲填詞，更難得的是，他的詞集中有17首附有曲譜，是現代學者研究古音樂的重要資源。附圖詞文旁邊的符號就是曲譜，他用的記譜法是工尺譜的變體俗字譜。

例如宋代的姜夔（1154—1221），他寫的曲譜還有部分保存到現在。（圖1-14）我們可以想像，古時文人按譜寫詞，然後一邊飲酒，一邊讓歌女琴伎演唱，這是多麼優雅的享受！（圖1-15）又好像戲曲，由於需要表演，所以文本就要標識出用什麼音樂、做哪一套動作、說哪些對白等。且看《牡丹亭》第十四齣《寫眞》的一段：

【尾犯序】（旦）心喜轉心焦。喜的明妝儼雅，仙佩飄搖。則怕呵，把俺年深色淺，當了個金屋藏嬌。虛勞，寄春容教誰淚落，做眞眞無人喚叫。（淚介）堪愁夭，精神出現留與後人標。春香，悄悄喚那花郎吩咐他。（貼叫介）（丑扮花郎上）「秦宮一生花裏活，崔徽不似卷中人。」

小姐有何吩咐？（旦）這一幅行樂圖，向行家裱去。叫人家收拾好些。

「旦」「貼」「丑」分別是女主角杜麗娘、婢女春香及閒角花郎，「淚介」就是「流淚的動作」，「【尾犯序】」則是這一段要用的音樂。這些形式部分指導了戲曲的搬演，即使讀者僅讀文本，也能在腦中想像到演出的情況。

別以為只有詞、戲曲這些唱演文本才受表演形態影響，其實小說這種純文字的文類，它的形式也和表演藝術不脫關係。中國有一種小說叫「章回小說」，它的特點是整部書分開一章章的，每章設一對仗的回目，每回的開首有「上回說到」，結尾有「欲知後事如何，請聽下回分解」，小說中又經常加入詩詞。這些特點其實是從宋代一門「說話」的表演藝術而來的，當時有些藝人（「說話人」）在酒肆戲棚（當時稱為「瓦肆」、「勾

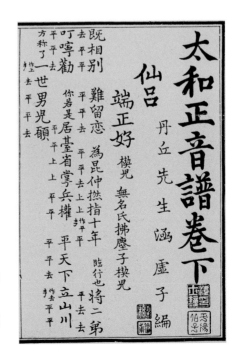

圖1-15　《太和正音譜》書影，明，朱權著，涵芬樓祕籍本

這是關於另一種音樂文學「曲」的著作，記載了黃鐘、雙調、中呂宮等十二曲調內各種曲牌的平仄聲調要求。

欄」）專門講故事，他們有些是某種故事的專家，例如霍四究是講三國故事的專家，尹常賣專說五代故事等。這些藝人爲了吸引觀眾和經營氣氛，往往會「賣關子」、引用詩詞，及爲故事設置醒目而易記的小標題。藝人的說話底稿有些得到整理及出版，成爲章回小說的前身。所以，讀《三國演義》、《西遊記》等章回小說，往往讓人欲罷不能，正因爲它的形式及寫法照顧了讀者的閱讀快感，使讀者的情感得到鼓動及抒發。難怪清末梁啓超推動改革時，要主張「欲新一國之民，不可不先新一國之小說」，這就正好證明了小說的感染力是何等巨大了。

▌中國文學的審美觀

「誦其詩，讀其書，不知其人可乎？是以論其世也，是尚友也。」

——《孟子‧萬章下》

什麼是美？中國傳統的美是由作品、作者及客觀環境共同構成的。這說法看似複雜，我們不妨從古希臘哲學家柏拉圖（約前427—前347）談起。

柏拉圖認為，先有「床」的概念，然後木匠才能模仿這概念製造出「床的實體」來；至於藝術家呢，他們模仿「床的實體」寫出「床」的藝術形象，故此藝術家離「床」的真理最遠。柏拉圖的話固然有道理，但我們能不能單以真假標準來衡量藝術品的價值呢？唐代詩人張繼的一首絕句曾經引起很大爭議，先看他的詩：

月落烏啼霜滿天，江楓漁火對愁眠。姑蘇城外寒山寺，夜半鐘聲到客船。

有人指出月落時烏雀已歸巢，不可能啼叫，寒山寺也沒可能在夜半鼓鐘，所以詩人寫得都不真實。可是這首詩讀來很有味道，那空靈、寂寥

19

的意境，不會因事之真假而有所損失。就此詩，明代的胡應麟（1551—
1602）就說：「張繼『夜半鐘聲到客船』，談者紛紛，皆為昔人愚弄。
詩流借景立言，唯在聲律之調，興象之合，區區事實，彼豈暇計？」（圖
1-16）好一句「借景立言」，中國的文學家寫詩作文，要表達的是自己的感
情，而並非描寫事物本身；換角度看，讀者讀文學作品，如果斤斤計較於
詩文所寫事物的真偽，那就很難透達作品的底蘊，更遑論成為作者的知音
了。

　　可是，中國文學又很重視真實性，這話從何談起呢？這種真實性並不
是事物本身的真偽，而是作者性情的真偽。中國文學有「文如其人」的傳

圖1-16　《詩藪》書影，明刊本

胡應麟是明代著名的文學評論家，他特別
關注詩歌和小說。《詩藪》是他討論詩歌
的專著，以傳統的詩話體格式，評論了詩歌
的起源、歷史、作家風格、詩的藝術等，
是古代相當重要的一部論詩著作。

圖1-17　杜甫像，明刻本《歷代古人像贊》

正因為「文如其人」思想的根深柢固，所以中國文人
對杜甫才有如此高的評價。「詩聖」的稱號並不單指
其寫詩技巧之高超，更加是對作者性情、抱負的推崇
與肯定。

圖1-18 《杜甫詩意圖》，明，宋懋
晉繪，紙本設色，上海博物館藏

宋懋晉的《杜甫詩意圖》以杜甫的夔
州詩為題，描繪了三峽及成都的景
物。附圖是杜甫詩《詠懷古蹟》的第
一首。該詩從三峽的樓台和崇山，聯
想到南朝作家庾信命運悲慘，但文學
創作成就偉大，從而引以自況。

統，文學作品可以反映作者的品格志趣。（圖1-17）讀中國文學的人都知道
《詩經》，它的總序就這樣說：「詩者，志之所之也，在心為志，發言為
詩。」意思是作者的情志在心中蘊蓄，所以他說出來的話、吟出來的詩
句，就代表著他的情志。這看法一直影響著中國人的文學審美觀，「文如
其人」成為評論作家作品的基礎。也就是說，評論家假設作品和作者的情
志相通，我們讀這些作品可以了解到作家的為人，也可用作家的經歷，以
及他身處的時代去解釋其寫作動機。（圖1-18）所以，如果我們對作家的生
平資料掌握不多，那便會產生解釋上的困難。例如晚唐詩人李商隱（約
813─約858），他有些詩寫得很綺麗，可讀性很高，但詩義卻不大清楚，

21

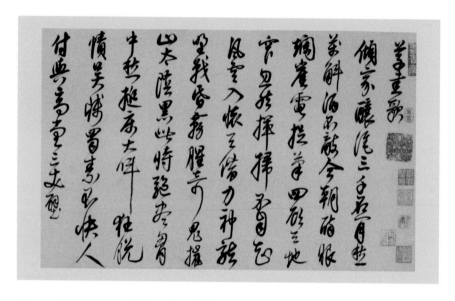

圖1-19　《陸游劍南詩》（局部），明，茅坤書，紙本，上海博物館藏

陸游是中國著名的愛國詩人，他的詩數量很多，傳世的就有9000多首。附圖茅坤（1512—1601）所書的是《草書歌》，寫的是詩人醉後揮筆狂草的情狀，並寄寓了詩人對收復國土的殷切心情。

甚至連詩的題目也寫得隱晦。結果，大量文人猜度這些詩的詩義，有人說是諷刺政治，有人說是愛情，有人說是詩人自況，莫衷一是。最有趣的是，有關詩人的生平資料實在太少，各位文人只好發揮想像力，各自添補了。古人有句詩叫「一篇《錦瑟》解人難」，《錦瑟》就是李商隱詩作中一篇讓人解得頭昏腦脹的詩了。

　　中國是「禮儀之邦」，儒家教人要做君子，要重視仁義禮智，這些道德標準也影響到文學的評鑑。中國文學史上最受人讚賞的文人，沒有一個是道德敗壞的。例如杜甫，他被稱為「詩聖」，因為他時時刻刻都想著朝廷、想著百姓疾苦；南宋的陸游（1125—1210）到老年還想著要收復中原，他的詩數量很多，得到的評價也相當不錯。（圖1-19）相反的是，如果

一個人品行不端，他的作品也不會得到廣泛的讚賞及認同。如元代有位著名詩人楊維楨（1296—1370），他的詩詞其實寫得不錯，在當時影響力也很大，但論者對其評價卻抑多揚少，其原因或許是與楊維楨這人行為較為放浪，及他有很多看法與儒家聖人的觀點相左有關吧！（圖1-20）

不難發現，無論是「文如其人」還是道德價值的評論方法，其關注點都不在作品的藝術本身。所謂「作詩必此詩，定非知詩人」，如果讀詩之目的是為了與古人交朋友（「尚友」、知音），又或者為了學做人，那麼關注文學作品的創作手法就顯得頗為「低級」了。故此，那些鑽研創作手法的著作（例如古代稱為「詩法」的著作），許

圖1-20　《玉山觀畫圖》，清，王概繪，絹本設色，北京故宮博物院藏

楊維楨在元代末年的影響力很大，他也經常參加文人聚會，例如崑山顧瑛主持的玉山草堂雅集，便因他之經常參與而聲名大噪。附圖畫的是玉山主人和賓客在溪邊樹陰下賞畫的情景。

多都假託名人所作（可以增加銷量嘛），但除了有初學入門的作用外，幾乎都不受重視。試問，誰會願意被認爲是「低級」的專家呢？（圖1-21）

在肯定「文如其人」和道德價值的基礎上，有關文學審美的討論還是很多的，其中對風格的探討就很有意思。「雄渾」、「淡」、「高古」等是古人常談到的風格，例如「淡」，它是中國古代文人極爲神往的風格。

「淡」是一種不事雕飾、順其自然的風格。雖然古人認爲「淡」是可以經

圖1-21　《木天禁語》書影，明刊本《名家詩法》

元代詩法書籍，題爲范德機撰，後來學者證明是僞託之作。范德機（1272—1330），名梈，官至翰林院編修，與虞集、楊載、揭傒斯一起被譽爲元詩四大家。

圖1-22　《隸書陶潛詩》，清，王時敏書，紙本，北京故宮博物院藏

附圖所書的是陶淵明的《歸園田居》第三首。該詩沒有大道理、大抱負，但卻率眞自然地表達了歸隱田園的樂趣。「衣沾不足惜，但使願無違」，拋卻世俗之煩擾，享受閒適自得的生活，又是多少人夢寐以求的生活呢？

24

營而來的，但最高境界卻是自然而然、不露斧鑿痕跡的「淡」，如「千古隱逸詩人之宗」陶淵明就是這風格的代表人物，他的詩寫得平淡自然，但意境奇高，「採菊東籬下，悠然見南山」、「此中有真意，欲辨已忘言」、「結廬在人境，而無車馬喧」等（圖1-22），這些詩句真率地展示著詩人歸田隱居的樂趣。（圖1-23）陶淵明在當世的評價不算很高，但他在後世的地位卻越來越高，甚至代表一個難以企及的境界，這和陶淵明高潔的性情不無關係，他「不為五斗米折腰」的故事早已街知巷聞。政治黑暗之時歸隱，潔身自愛，作品又能與其高尚品格相稱，如此就成為了中國文學史上的不朽傳奇。

中國的文學審美觀，處理的是作品與作者、客觀環境三者的關係。如此一來，我們就能理解，「作者已死」「文本是獨立自主的語言結構」等主張為何與中國文學格格不入。因為，作者如果不存在，那我是誰的知音？文本如果獨立自主，那我如何論世？

圖1-23　陶潛像及《行書陶潛詩》，陶潛像來源於明刻本《歷代古人像贊》；《行書陶潛詩》，清，梅植之書，紙本，揚州博物館藏

陶淵明「不為五斗米折腰」辭官歸田的故事，在中國可說是街知巷聞。以淡為美的審美價值觀就是從他的詩歌風格引申出來。陶潛沒當過大官，但他的高風亮節卻讓許多文人心折。南朝文人顏延之替他起了個諡號叫「靖節」，就是景仰陶潛對理想和道德的堅持。附圖所書的是陶潛名作《飲酒》的第五首。

中國文學

②

價　值

▌愛國　留取丹心照汗青

　　怒髮衝冠，憑欄處，瀟瀟雨歇。抬望眼，仰天長嘯，壯懷激烈。三十功名塵與土，八千里路雲和月。莫等閒，白了少年頭，空悲切。　靖康恥，猶未雪；臣子恨，何時滅？駕長車，踏破賀蘭山缺。壯志飢餐胡虜肉，笑談渴飲匈奴血。待從頭，收拾舊山河，朝天闕。

——岳飛《滿江紅》

　　中華民族是愛國的民族。自古以來，中國人就覺得國家很重要，比自身或家庭更重要。所以在面對國難時，可以犧牲自己，以保全國家民族。要知道，在古代中國，身分就代表一切，當你的身分喪失時，你的一切相關的權利就會被剝奪。例如古代就有種刑罰叫「貶姓」，就是褫奪犯罪者原有姓氏，這意味著被貶者會喪失一切宗族所享受的權利。再說一個故事，三國時代諸葛亮（181—234）是蜀國的丞相（圖2-1），有一個狂人叫廖立，認為自己很了不起，經常誹謗丞相諸葛亮和先帝劉備，結果被貶為庶民，發配到邊疆種田。後來諸葛亮身死，廖立很傷心地說：「我終生都要穿著外族的衣服了！」這有什麼好傷心呢？當時，被貶為庶民就等於剝

圖2-1 　《諸葛讀書圖》，明，朱有燉繪，絹本
設色，北京故宮博物院藏

諸葛亮是三國蜀漢名相。蜀漢先主劉備臨終前曾
囑託諸葛亮，後主劉禪可輔則輔，不可輔助就可
以取而代之。雖然劉禪昏庸無能，但諸葛亮終生
全心全意輔助之，死而後已，成就了中國歷史上
忠君愛國的典範故事。

奪了做官的權利，發配邊疆即褫奪國人身分，「士人」與「國人」的權利同時喪失，這是何等苦悶！所以，諸葛亮一死，再沒有人記得廖立這一號人物，他就更沒可能恢復「士人」及「國人」的身分了，又如何不憮然長歎呢？由此可知，身分在古人心中是頭等重要的事兒，它就如高樓的根基，沒有身分，一切都談不上。

所以，歷史上許多愛國英雄受到高度的讚揚，因爲這些英雄捍衛的不單是個人榮辱，更是所有國民的國人身分，這就是民族大義！漢代名將霍去病（前140—前117）一生以抗擊匈奴、保家衛國爲己任，他有一句名言：「匈奴未滅，何以家爲？」可見他以國爲重的情操，後代詩人就寫了很多歌頌他的詩篇，如王維（？—761）、李白等人都有寫過。又比如岳飛（1103—1142），爲南宋抵抗金兵，雖然被奸臣陷害而身死，但他的氣節及志向就足以讓他名垂青史了。有關岳飛事蹟的文學作品很多，如小說

《宋武穆王精忠傳》、《說岳全傳》，明代話本小說《岳元戎凱宴黃龍府》更誇張，該書虛構岳飛率軍滅了金國，雖然脫離史實，卻出於愛國熱情。（圖2-2）香港有頗長一段時間，中學中國語文科的課本選了兩篇有關岳飛的作品。一篇是《宋史‧岳飛傳》有關岳飛小時候的片段，記述岳飛自小便有報國之志。另一篇是篇首所引的名作《滿江紅》，此作品淋漓盡致地抒發了岳飛對消滅胡虜、恢復河山的決心，以及對國家的忠誠。（圖2-3）這種心志最能打動中國人，所以這首膾炙人口的作品，成了愛國文學的不朽之作。又如另一位愛國詩人文天祥（1236—1283）（圖2-4），他是南宋的

圖2-2　岳飛故事版畫，《中國民間木刻版畫》

岳飛在中國文學和歷史敍述中，幾乎就是愛國英雄的代名詞。他畢生和金人周旋，矢志收復國土。雖然最後失敗了，但其精神卻永存。附圖就是民間以版畫方式，記敍岳飛的成長故事。

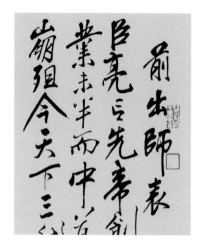

圖2-3　仿岳飛書法，明人仿岳飛書《前出師表》（局部）

宋高宗曾親筆御書諸葛亮的《出師表》賜給岳飛，以表彰他的忠君愛國。相傳岳飛的書法也頗具功底，成都、南陽等地的武侯祠都有題為岳飛手書的《出師表》石刻。姑勿論其是否真跡，也足見世人對岳飛的崇敬和欣賞。

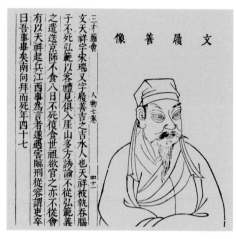

圖2-4　文天祥像，明，王圻《三才圖會》

文天祥是典型的愛國英雄，即使元朝派出投降的宋臣甚至宋幼帝做說客，都不能使其易志。他死前在衣帶上書下絕筆：「孔曰成仁，孟曰取義；惟其義盡，所以仁至；讀聖賢書，所學何事？而今而後，庶幾無愧！」

丞相，亡國後被俘虜但不肯投降，在押送上京時寫了《過零丁洋》一詩，以表達對國破家亡的悲痛，及以身殉國的決心：

　　辛苦遭逢起一經，干戈寥落四周星。山河破碎風飄絮，身世浮沉雨打萍。惶恐灘頭說惶恐，零丁洋裏歎零丁。人生自古誰無死？留取丹心照汗青。

　　文天祥被俘後在監牢裏過了三年，始終不肯投降，最後被判斬首，從容就義。中國有句話叫「不以成敗論英雄」，只要心存報國忠義，即使功敗垂成，也足以名垂千古，受後人景仰。好像南宋詩人陸游，報國的抱負一生都沒有實現，但他在詩詞創作上流露的愛國情懷，卻一直為後人激賞，例如《示兒》一詩：

死去元知萬事空，但悲不見九州同。王師北定中原日，家祭無忘告乃翁。

他逝世前不久，以此詩囑咐兒子，待國家收復河山之後，一定要在墳前將好消息告訴自己。愛國之情至死不渝，難怪後人以「愛國詩人」的美譽稱呼他。（圖2-5）這些愛國詩人的文學作品，大都慷慨激昂、鼓動人心，能夠引起人們的共鳴，是愛國教育的最佳教材。中國文學與作家情志密不可分，欣賞中國文學作品不必局限於藝術技巧上的高低，因為作品、作者和客觀世界的地位同等重要。如此，我們就可以理解為何屈原在中國文學、文化史上有那麼崇高的地位了。

屈原（前340─前278）是戰國時代楚國的大夫，他本來很得君主楚懷王信任；但後來懷王受小人蒙蔽，將屈原逐出郢都，流放到漢水北面的地方。懷王死後，他的兒子頃襄王再次將屈原流放。不久，秦國攻陷楚國郢都，屈原滿腔悲憤，於是在農曆五月五日，在汨羅江投水自盡。（圖2-6）屈原是個忠臣，雖然流放在外，但對國家、君主依然有著強烈的感情。在這段時間，他寫了《離騷》、《涉江》《哀郢》等長詩，以比興寄託的手法，將對國家、對君主的思念表達得淋漓盡致。（圖2-7）如《離騷》寫詩人上天入地以追求理想對象，「雖九死

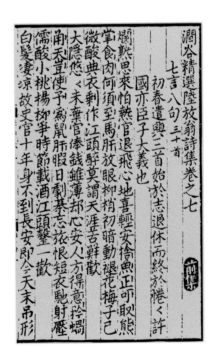

圖2-5　陸游詩集書影，明刊本《澗谷精選陸放翁詩集》

陸游在官場並不順利，多次遭到排斥及貶謫。他終生恪守著毋忘國恥、光復失土的主張，並常將這種情懷寄託在詩文創作裏。

寵心害其能讒諂並作方正不容故憂愁幽思而作離騷
屈原名平楚之同姓也爲懷王左徒拜三閭大夫同列爭
三才圖會　人物四卷　二九　像原屈楚
遷之江濱被髮行吟澤畔又作懷沙之賦自沈於汨羅

圖2-6　屈原像，明，王圻《三才圖會》

屈原流放時，曾在江邊碰到一名漁夫。漁夫可憐他，問他爲何不隨波逐流而要自尋煩惱。屈原回應：一身潔白，又怎可以隨便弄污？我寧願投江被魚吃掉，也不會與小人同流合污。

圖2-7　《湘君湘夫人圖》（局部），明，文徵明繪，紙本淡設色，北京故宮博物院藏

《湘君》、《湘夫人》是屈原《九歌》中的兩篇，主要寫二人互相傾慕，相約但又錯過了會面，各自胡思亂想，最後無法結合的故事。有評論指屈原以湘君自喻，抒發對楚王的忠誠及才華得不到重視的悲歎。

32

其猶未悔」。詩中以美人喻君子、香草喻美德、臭草喻小人，構建了一個
「香草美人」的比興傳統，一直影響著後代的文學創作。（圖2-8）在長長
的中國文學史裏，屈原是一個典範性的人物，司馬遷對他有這樣的評價：
「其文約，其辭微，其志潔，其行廉。」就是說屈原的人格、行為和文學
都極佳，可與「日月爭光」。後代對屈原的評價大都循著司馬遷的方向，
肯定他是「愛國詩人」的代表人物。

　　即使在現今社會，我們依然會歌頌愛國的人。值得一提的是，世界保
衛和平大會在一九五三年將屈原列為「世界文化名人」之一，呼籲人類紀
念這位心繫家國的愛國大詩人。

義　士為知己者死

「魚，我所欲也，熊掌，亦我所欲也；二者不可得兼，捨魚而取熊掌者也。生，亦我所欲也，義，亦我所欲也；二者不可得兼，捨生而取義者也。」

——孟子《孟子‧告子上》

「仁」、「義」、「禮」、「智」是中國儒家所推崇的道德價值，孟子稱之為「四端」。（圖2-9）對於「義」，孟子說得很多，他認為「義」是明辨是非之心，人在兩難的情況下，就算犧牲生命，也要保存「義」。因為「義」是我們作為人類的基本特質，若然連「義」也可以放棄，那還算是人

圖2-9　《孟子》書影，明閔氏刊朱墨套印本

孟子談的雖然不是文學，但他強調的價值觀（如仁、義）和讀書方法（知人論世），卻深深地影響著中國傳統文學的發展。

圖2-10　司馬遷像，明刻本《歷代古人像贊》

司馬遷是漢代有名的學者，他繼承了父親司馬談的
遺志，撰寫了中國第一部紀傳體通史《史記》。他
曾爲名將李陵投降匈奴說情，獲罪而被處宮刑（即
閹割）。

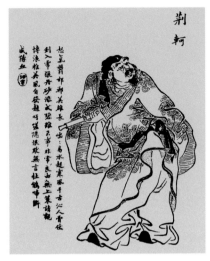

圖2-11　荊軻版畫，清光緒戊子上海點石齋刊本
《東周列國志》

荊軻是戰國時代有名的義士，他受燕國太子賞
識，挺身冒險行刺秦王。他雖然行刺失敗，但
其爲酬知己而付出生命的精神，歷朝歷代得到
歌頌。

嗎？後來，儒家的「義」應用在特定範圍下發展成「朋友之義」和「君臣
之義」，前者成了「義氣」，朋友重義，兩肋插刀，在所不辭；後者變成
「忠義」，強調對君主要盡忠，才算盡了做臣子的責任。

　　中國文學也重義，包括上面提到的「朋友之義」和「君臣之義」。進
一步說，影響中國文學作品最深的不是孟子的「義」，而是「士爲知己者
死」的「義」。《戰國策》記載了一個復仇的故事。當時智伯被趙襄子滅
了國，他的臣子豫讓爲其報仇，於是自殘身體，使人認不出自己的容貌和
聲音。豫讓行刺失敗後，趙襄子不明白他爲何執意復仇。豫讓凜然言：智
伯以國士之禮對待我，所以我也要以國士之禮來報答他。這種能夠奉獻生
命以報答知己的精神就是「義」了。司馬遷（約前145—約前86）撰《史

記》（圖2-10），將豫讓的故事完整地收錄了，與聶政、荊軻等其他幾位刺客的事蹟合成一篇《刺客列傳》（圖2-11）（圖2-12），他在該篇最末發表了自己的看法：「此其義或成或不成，然其立意較然，不欺其志，名垂後世，豈妄也哉！」 就是說這些刺客有成功有不成功，但他們酬謝知己的心志很明顯，這才使他們的名字可以流芳百世。（圖2-13）讀者細心的話，或

圖2-12 《易水送別圖》，清，吳歷繪《人物故事圖冊》，絹本設色，北京故宮博物院藏

荊軻出發時，高漸離在易水旁邊給他送別。高漸離敲打著筑（一種類似箏的樂器），荊軻則高歌：「風蕭蕭兮易水寒，壯士一去兮不復還！」這一幕悲壯的義士送別，震撼了無數讀者的心靈。

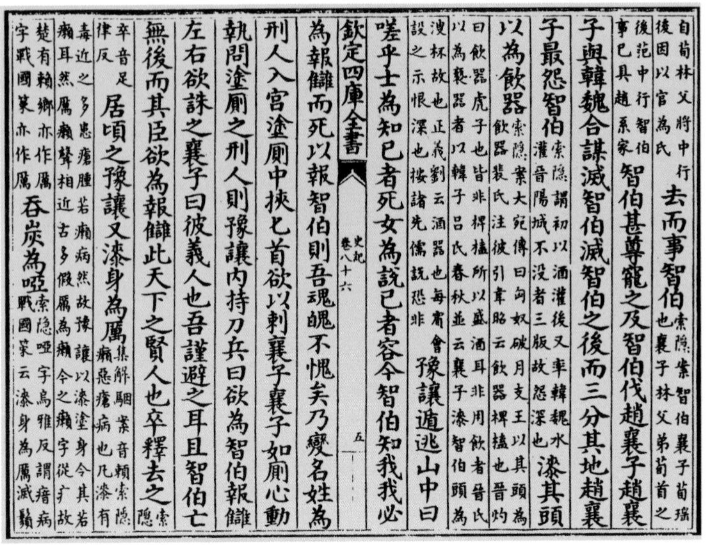
自荀林父將中行後因以官為氏去而事智伯索隱案智伯襄子荀瑤也襄子林父弟荀首之
後范中行智伯事已具趙系家智伯甚尊寵之及智伯伐趙襄子趙襄
子與韓魏合謀滅智伯滅智伯之後而三分其地趙襄
子最怨智伯索隱謂初以酒灌後又率韓魏水灌晉陽城不沒者三版故怨深也漆其頭
以為飲器索隱案大宛傳曰匈奴破月支王以其頭為飲器裴氏注彼引韋昭云飲器椑榼也晉灼
曰飲器虎子也皆非椑榼所以盛酒耳非用飲者晉氏以為褻器者以韓子呂氏春秋並云襄子漆智伯頭為
溲杯故也正義劉云酒器也每甯會設之示恨深也按諸先儒說恐非豫讓遁逃山中曰
嗟乎士為知己者死女為說己者容今智伯知我我必
欽定四庫全書　史記 卷八十六　五
為報讎而死以報智伯則吾魂魄不愧矣乃變名姓為
刑人入宮塗廁中挾匕首欲以刺襄子襄子如廁心動
執問塗廁之刑人則豫讓內持刀兵曰欲為智伯報讎
左右欲誅之襄子曰彼義人也吾謹避之耳且智伯亡
無後而其臣欲為報讎此天下之賢人也卒釋去之索隱
卒音足律反居頃之豫讓又漆身為厲集解駰案音賴索隱癩惡瘡病也凡漆有
毒近之多患瘡腫若癩病然故豫讓以漆塗身令其若癩耳然厲癩聲相近古多假厲為癩今之癩字從疒故
楚有賴鄉亦作厲字戰國策亦作厲吞炭為啞索隱啞字烏雅反謂瘖病戰國策云漆身為厲滅鬚

圖2-13　《史記》書影，文淵閣《四庫全書》本

司馬遷忍辱撰成《史記》，他在序裏說自己欲「究天人之際，通古今之變，成一家之言」。歷史書寫在中國從來不只是事件記錄，它亦包含著道德評價、天理體悟和歷史教訓等意義。

已發現這種酬謝知己的「義」和孟子的「義」有些區別。我們說過孟子的「義」是明辨是非之心，但酬謝知己的「義」呢？報恩者根本不需要理會報恩對象是好人還是壞人，總之受知己之恩，就應竭力相報。

唐代有一篇傳奇小說《任氏傳》很典型地體現了小說家對「士爲知己者死」的體會。故事寫了一隻女狐妖任氏與鄭姓男子相愛，鄭子明知任氏是狐妖，但不減其愛，任氏很感激，於是設法令鄭子致富。後來鄭子的朋友韋崟爲任氏之美貌迷倒，想將其佔有，任氏因爲已受鄭子相知之恩，故誓死不從。但她亦有感韋崟對自己的欣賞，於是亦用盡方法去回報。例如她知韋崟好色，便設計將絕色美女弄來，供韋崟玩弄，哪管這些女子是閨女還是已爲人妻。故事的最後，鄭子與韋崟力邀任氏出遊，任氏預感此行會遭逢厄運，但仍甘心同行，後來她果然被獵犬咬死。這個故事宣揚的是，爲酬謝知己，生命和道德都可以放在一旁。報恩者需要考慮的，從不會是報恩行爲有沒有觸犯法律、侵犯人權、違反道德，他不需要對普羅大

圖2-14　《水滸傳》插畫二幅，明崇禎刊本《水滸傳》

施耐庵（1296—1372）著。宋江、武松等「梁山好漢」的事蹟在《水滸傳》成書前已經流傳甚廣，部分記載在話本小說、雜劇等文本裏。附圖是《水滸傳》的插畫，仿照通緝告示而繪，上面的「萬萬貫」、「八十萬貫」是懸賞的賞金。

眾負責，只需對得住報恩對象就足夠了。讀過《水滸傳》的都知道，梁山好漢很講「義氣」，為了「義氣」幾乎是無所不為，開黑店、殺人越貨，只要所作所為對得住兄弟手足，就不枉「聚義」一場了。（圖2-14）

　　文學作品可以承載道德教化，但文學並不必然為道德教化服務。所

以，我們不必指斥作品的思想不合乎傳統道德，可以欣賞它們創造出來的藝術效果。例如《三國演義》（圖2-15）這部書寫了許多人物，其中關羽堪稱「義」的化身，他與劉備、張飛桃園結義，立誓同生共死。劉備和曹操是敵對的，歷史上關羽曾經投降過曹操，小說將他的投降寫成「身在曹營心在漢」的義行。更巧妙的是，小說寫曹操對關羽很好，將千里馬、美女、金銀財帛賜給他，關羽離開時過五關、斬六將，曹操也不追究。在此情況下，曹操便對關羽有恩。後來赤壁之戰曹操戰敗倉皇逃生，小說家故意製造矛盾，寫關羽奉命把守華容道，等候曹操。劉備是關羽的君主，又是他的結義兄弟，但曹操昔日又有恩於己，那他應該殺曹還是放曹呢？小說是這樣寫的：「雲長（即關羽）是個義重如山之人，想起當日曹操許多恩義，

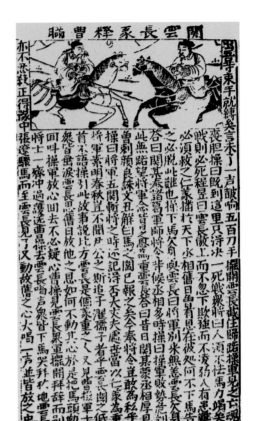

圖2-15　《三國志通俗演義》書影，明喬山堂本《鐫圖像三國志》

《三國演義》裏的故事許多都有其來源，羅貫中將這些故事整合和改寫時，滲透了「尊劉抑曹」的價值觀。我們現在讀到的《三國演義》，是經過清代毛宗崗修訂而成的版本，而這種價值觀更是得到了進一步的加強。

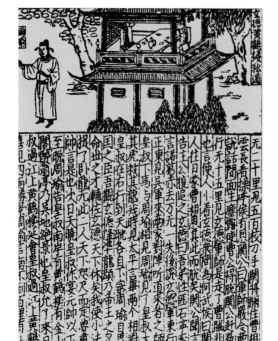

圖2-16 《三國志平話》書影，元至治建安虞氏刊本

關羽華容道放走曹操的傳說，在這部宋代話本小說裏已有記載。但書內寫的不是關羽面對兩難而自願放曹，反而是他欲舉刀殺曹操時突然「面生塵霧」，所以曹操得以逃脫。

與後來五關斬將之事，如何不動心？又見曹軍惶惶皆欲垂淚，越發心中不忍。於是把馬頭勒回，謂眾軍曰：『四散擺開。』這個分明是放曹操的意思。操見雲長回馬，便和眾將一齊衝將過去。雲長回身時，曹操已與眾將過去了。雲長大喝一聲，眾軍皆下馬，哭拜於地。雲長愈加不忍。正猶豫間，張遼驟馬而至。雲長見了，又動故舊之情，長歎一聲，並皆放去。」關羽雖然放了曹操，但由於這是報恩，所以不但無損形象，反而將「義薄雲天」彰顯得更加立體和人性化。（圖2-16）因為「義」，所以不論對象是誰，也要湧泉相報；清人毛宗崗就關羽放曹寫下以下的評語：「懷惠者小人之情，報德者烈士之志。雖其人之大奸大惡，得罪朝廷、得罪天下，而

彼能不害我，而以國士遇我，是即我之知己也。我殺我之知己，此在無意
氣丈夫則然，豈血性男子所肯爲乎？」由此可見，由於貫徹「義」的宗
旨，《三國演義》中的關羽形象更富有藝術感染力，更能感動讀者。（圖
2-17）

「義」字上「羊」下「我」，有人因而解釋它作「以我爲羊」，即將
自己當作羊，無私地奉獻。犧牲自己以成全某種道德價值的故事，在中國
文學裏屢見不鮮。這大抵反映了「義」在中國人心中的地位是多麼重要。
（圖2-18）今天，我們對「義」的理解已有不同，至少不會推揚或歌頌罔顧
法紀的行爲。可是，「義」的核心價值依然爲大家認可。試看現代中文包
含「義」字的常用四字詞：大義滅親、大義凜然、義不容辭、行俠仗義、
情深義重等，哪一個「義」不是大眾所推崇的正面價值呢？

圖2-17　《關羽擒
將圖》，明，商喜
繪，絹本設色，北
京故宮博物院藏

關羽本是劉備的一
員將領，但他義薄
雲天的形象在民
間輾轉流傳，各種
各樣的故事亦相繼
被「創造」出來。
關羽在中國文化裏
地位崇高，尊號有
「關公」、「關
帝」、「關聖帝」
等。

圖2-18　《劉玄德三顧草
廬》版畫，光緒庚寅冬月廣
百宋齋校印本《圖像三國
志》

諸葛亮的忠義，是三國故事
裏另一則佳話。諸葛亮一方
面受劉備知遇之恩而鞠躬盡
瘁，另一方面與代表僭越、
殘暴的曹魏勢力周旋，他的
「義」上可通天。杜甫有
詩讚他曰「諸葛大名垂宇
宙」，誠非過譽之辭。

▌仕　學而優則仕

白酒新熟山中歸，黃雞啄黍秋正肥。

呼童烹雞酌白酒，兒女嬉笑牽人衣。

高歌取醉欲自慰，起舞落日爭光輝。

游說萬乘苦不早，著鞭跨馬涉遠道。

會稽愚婦輕買臣，余亦辭家西入秦。

仰天大笑出門去，我輩豈是蓬蒿人。

——李白《南陵別兒童入京》

（圖2-19）

圖2-19　《李白行吟圖》，宋，梁楷
繪，紙本，日本東京國立博物館藏

李白才華橫溢，詩歌風格豪邁奔
放，是中國文學史上不多見的天才
詩人。李白雖然恃才傲物，但他也
期待入仕，不然他也不會接受徵召
而興奮莫名了。此圖線條簡單，寥
寥數筆卻將一個翩翩若仙、瀟灑不
群的李白繪得形神俱現。

43

「修身、齊家、治國、平天下」是中國古代讀書人的座右銘，儒家的聖賢書告訴你要「學而優則仕」，讀書的目的就是做官，服務國家及人民。儒家在中國的影響力很大，它滲透到不同的文化範疇，文學受它的影響也是顯而易見的。本書前面的章節提到，中國人相信「言為心聲」，主張「文如其人」，創作文學作品的絕大多數是讀書人，那他們對出仕的渴求便很自然地反映在作品中。例如「詩仙」李白，他四十二歲時受到唐玄宗（701－762）的徵召，興奮異常，回家辭別親人時寫了開篇所引的《南陵別兒童入京》一詩，表達其掩飾不住的喜悅之情。這首詩寫得多麼豪邁！詩人充滿自信，認為此去定能展現自己的才華，實現自己的政治抱負。可是，李白的政治才能有多強，我們並不知道，因為唐玄宗只是因李白的詩名遠播才召見他，根本沒有給他真正的政治的任命。（圖2-20）難怪李白在皇宮裏鬱鬱不歡，終日買醉，最後離開了京師長安。（圖2-21）

圖2-20　《太白騎鯨圖》，明，徐良，紙本墨筆，淮安市博物館藏

李白外號很多，例如詩仙、酒中仙、謫仙人等。他生性好酒，傳說他是因為喝醉，在湖邊撈月失足淹死的。本圖繪的就是李白騎著鯨魚，在大海中往復來回的姿態。

圖2-21　《李白解表》民間年畫，清，安徽阜陽

李白童年曾在西域住過，懂番語。相傳唐玄宗收到番王
的外交文書，看不懂，於是請李白翻譯。李白要求朝臣
高力士替他脫靴、國舅楊國忠替他磨墨，然後一邊飲酒
一邊翻譯，狠狠地折辱了兩位當朝得勢的奸臣。

　　並非所有文學作品都像李白這首詩那麼直率，許多時候，詩人會利用眼前之景物結合出仕的願望，含蓄地展示自己的心志。例如孟浩然（689—740）的《望洞庭湖贈張丞相》，他寫了在岳陽樓上極目所見之景象（圖2-22），在最後四句才隱隱透露出出仕無路的無奈：「欲濟無舟楫，端居恥聖明。坐觀垂釣者，徒有羨魚情。」意思是他想過到對岸去，卻找不到渡船，只有默默地羨慕他人。這就如自己想做官，但苦無引薦的人一樣。中國古代很多文學作品都抒發了作者欲出仕的願望，而更多的作品展現了作者不能出仕的無奈，「懷才不遇」的感歎俯拾皆是。例如三國時代的才子

45

圖2-22 《岳陽樓圖》（局部），元，夏永繪，絹本，北京故宮博物院藏

岳陽樓在洞庭湖邊、岳陽古城上，是江南四大名樓之一。歷來無數騷人墨客，在樓上登覽俯瞰，寫下不少傳世佳作。例如杜甫的《登岳陽樓》、范仲淹的《岳陽樓記》等。

曹植，因為遭到兄長的猜忌，有志不能伸。（圖2-23）（圖2-24）他的《美女篇》寫一位絕色美人，天下人都知道她漂亮，但竟然沒有人向她說媒，那美人就只有「盛年處房室，中夜起長歎」了。美人遲暮是誰都覺得可惜的事，志士仁人有才而不能展，同樣容易引起共鳴，是以中國文人總喜歡將自己投射到美人的形象中。就像李商隱的名作《無題》：

八歲偷照鏡，長眉已能畫。十歲去踏青，芙蓉作裙衩。十二學彈箏，銀甲不曾卸。十四藏六親，懸知猶未嫁。十五泣春風，背面鞦韆下。

寫一個美人從小已與眾不同，但到了適婚年齡依然無人求婚，那美人便只有背著人偷偷落淚了。除了美人外，李商隱的借古喻今作品也很精彩，請看《賈生》一詩：

宣室求賢訪逐臣，賈生才調更無倫。可憐夜半虛前席，不問蒼生問鬼神。

這是用了漢宣帝起用賈誼的故事。相傳賈誼文章寫得好，政治見識亦高，這樣的人才本來應該大用的。可是詩裏寫宣帝夜訪賈誼，虛心請教的竟是鬼神之事而不是治國之道。這不是很悲哀嗎？歷史上人才錯配、懷才不遇的例子不知有多少，賈誼、曹植、李白、孟浩然、李商隱，讀他們的作品，你是否同樣感到鬱悶難抒呢？

中國從隋唐開始以科舉取士，讀書人想做官，可以努力考試。這種制度對讀書人來說確是佳音，因為在此之前讀書人若要做官，除非是名門望

圖2-23　《〈洛神賦〉圖》（局部），東晉，顧愷之，宋摹本，絹本設色，北京故宮博物院藏

《〈洛神賦〉圖》的作者是東晉名畫家顧愷之（約344—405），作品早佚，現存的版本多數是宋代摹寫的。該圖有些像連環畫，從右到左繪出了曹子建和洛神相知相愛及分離的故事，人物生動且具神韻，是繪畫史上的重要作品。

圖2-24　《行書〈洛神賦〉》（局部），元，趙孟頫，紙本，北京故宮博物院藏

《洛神賦》是曹植的名作，作品寫敘述者與洛神相愛，但人神有別，只好無奈分手。這篇作品的涵義歷來猜測者眾，有指其感於兄嫂甄后而寫，有指其寓託被兄長逼害的悲憤，亦有指其隱喻了對兄長的忠誠等。

族，否則很難如願。科舉無疑讓他們一遂「學而優則仕」的心願，可是能一舉中仕，從此登上青雲路的又有幾人？所謂「十年寒窗無人問，一舉成名天下知」，許多讀書人窮盡畢生的精力也未能躍登龍門，故落第失意、懷才不遇的心結，常常反映在他們的作品裏。

有道是「詩窮而後工」，多少偉大的作品，就是在這種心結下催生的呢？清代士人需要中秀才，然後才舉人、貢士、進士一級級地考上去。要做官最少要考到舉人。小說家蒲松齡（1640－1715）自十九歲考中過秀才（初級公開試），一直考到七十歲還沒考到舉人。可以想像他有多鬱悶！這幾十年光陰，除了屢敗屢戰，及教書以求餬口外，他傾注一生心血寫了《聊齋誌異》這部小說。（圖2-25）書內載有許多與讀書人有關的短篇故事，反映他們抱負難抒的苦悶。例如《葉生》寫一個書生考不到功名，鬱結而死，死後其魂魄自以為未死，追隨著賞識自己的丁乘鶴，教其子弟讀書考試；最後發現自己早已身死，於是「憮然惆悵」「撲地而滅」。有人認為這個葉生就是作者的寫照，但其實像葉生的人又豈止一個蒲松齡？清代中葉有部小說叫《儒林外史》（圖2-26），寫的就是一個

圖2-25　《聊齋誌異》書影，清道光但明倫刻本《聊齋誌異新評》

《聊齋誌異》記載了大量鬼狐的故事，那些鬼狐並不恐怖，反而頗具人情，甚至可親可愛。「世情如鬼」，聊齋的鬼世界隱喻著作者所知所見的人世界，並寄寓著他對世情的看法及願望。

圖2-26　《儒林外史》書影二幅，清嘉慶臥閒草堂本

《儒林外史》的作者是吳敬梓（1701—1754），寫成於清代國力最強大的雍正、乾隆時期。當大家以為讀書考試，然後投身官場是最自然不過的事情時，該書揭露了這種制度非人性化的一面，批判得異常深刻。

個被科舉、功名弄得精神失常、人格殘缺的讀書人。作者寫這類故事，何嘗不是有意鞭撻這種制度的弊端？以上兩部作品是中國古典小說的經典之作，現今世界上最少有五六種語言的翻譯本。所以說凡事至少都有兩面，出仕與科舉帶來的心結，對當時人來說是悲哀，但對現今的讀者來說卻是種福氣；正因為有它，我們才能讀到這些優秀的詩文小說。

▊ 隱　鳥倦飛而知還

少無適俗韻，性本愛丘山。誤落塵網中，一去三十年。羈鳥戀舊林，池魚思故淵。開荒南野際，守拙歸園田。方宅十餘畝，草屋八九間。榆柳蔭後簷，桃李羅堂前。曖曖遠人村，依依墟里煙。狗吠深巷中，雞鳴桑樹顛。戶庭無塵雜，虛室有餘閒。久在樊籠裏，復得返自然。

——陶潛《歸園田居》

（圖2-27）

儒家思想在中國古代一直是主流思想，它主張入世，但也有「邦有道則現，無道則隱」的說法，為士子留下一條不出仕的退路。可是，出仕還是歸

隱的準則是社會（或國君）的道德高低，而不是個人的追求或志向（中國
古代所謂「志」，一向涉及社會目的）。何況，即使身在亂世，歸隱相比
執著用世，後者明顯更受人歌頌。春秋時天下大亂，孔子四方奔走，宣揚
他的政治理想，可是處處碰釘。曾經有一個叫接輿的狂士就勸孔子歸隱，
如果孔子聽他的話，就用不著這麼奔波勞碌，但他也不會是那萬世歌頌、
「知其不可為而為之」的孔夫子了。中國文化向來包容多元，儒家的價值
觀雖佔主流，但並沒有將隱逸文化扼殺掉。各式各樣的隱者在中國歷史長
河裏不斷出現，甚至有所謂隱逸之風；除了政治外，隱逸還對中國的文
學、繪畫、園林等方面產生過影響。

圖2-27　《歸去來兮圖》，明，李在繪，紙本墨筆，遼寧省博物
館藏

陶淵明的詩文經常寫田園生活的樂趣。無論是田間的一草一木，
抑或種種農耕瑣事，在他而言都是饒有意義的生活趣味。可見，
他是真心歸隱、享受這種生活的。

圖2-28　《高士傳》版畫，清咸豐王氏養和堂刊《任渭長四種》本

《高士傳》不只是一部書，還是一種書類的名稱。這類書主要記載那些不
與王朝合作的逸民的事蹟。自晉代的皇甫謐起，《高士傳》的撰寫就未曾
斷過，例如陳繼儒《逸民傳》、高兆《續高士傳》等。

　　很有趣的是，隱士歸隱山林，和現實政治保持距離，但歷代不少官方
史書，都有《逸民傳》、《隱士傳》，文士亦經常以隱士作爲討論對象。
（圖2-28）如南朝范曄（398─445）《後漢書・逸民傳論》就講過隱士的歸
隱動機有「或隱居以求其志，或迴避以全其道，或靜己以鎮其躁，或去
危以圖其安，或垢俗以動其概，或疵物以激其清」。簡而言之，既是精
神、品德之個人追求，也爲保存身軀以避禍。《新唐書・隱逸傳序》分得

更具體，它指出古代之隱者大抵上有三種：最上者人雖歸隱但道德高尚，
政治領袖知道後會爲之紆尊降貴；另一種是有治世才能但志向難伸，對功
名爵祿淡然，令人企慕；最後一種則自知才能不可用於世，所以樂於歸隱
山林，世人對他們往往都很欣賞。不難看出，隱士和高潔品德幾乎合二爲
一，甚至會讓人有凡是隱者必然有才能的錯覺。唐代君主喜歡往山林求
賢，於是一些投機之士乘勢歸隱山林，以等待君主啓用，當時稱這種「假
隱」現象爲「終南捷徑」。「終南」就是唐代首都長安附近的終南山，那
裏是隱士「熱門」的隱居地點。（圖2-29）

　　不過，真心歸隱的人，終究是受人景仰和稱頌的。例如晉代的陶淵
明，他爲了生活做過小官，但性格上跟官場格格不入，於是棄官歸隱，以

圖2-29　終南山版畫，清，沈錫齡《天下名
山圖詠》

終南山是道教名山，山上有不少道教寺廟和
樓閣。唐初有徵用高士的風氣，盧藏用曾隱
居終南山，後來被召爲官，官至左拾遺。當
時就有人諷刺他是假隱居、真候召，終南捷
徑之故事不脛而走。

53

圖2-30 《歸去來兮圖》，明，夏芷繪，紙本墨筆，遼寧省博物館藏

「歸去來兮！田園將蕪胡不歸！」千古以來，這句話讓多少厭倦官場的人產生
共鳴。孟子雖說過「窮則獨善其身，達則兼濟天下」，但以治國平天下為理想
的讀書人，選擇歸隱又有著多少無奈呢？

耕田為樂。（圖2-30）本文開首所引的就是他的名作《歸園田居》，詩中真
率地表達了自己的性情，指以前做官就如籠中的鳥和池中的魚般失去自
由。現在去官了，過著簡樸的農耕生活，雖遠離人煙，但性情得到解放的
喜悅，就像籠中鳥重獲自由一樣。陶淵明的詩歌大都體現了他安貧樂道、
享受平淡的農耕生活的心志，這種心志雖與儒家的政治志向截然不同，但
那種「性情之真」卻一直感動著後世的人。（圖2-31）唐代以後，陶淵明在
中國文學史上的地位漸次提高，歌頌他的作品俯拾皆是。例如唐代孟浩然

《仲夏歸漢南寄京邑舊遊》云「賞讀《高士傳》，最佳陶徵君。目耽田園

圖2-31 《陶潛愛
菊》民間年畫，
清中葉，河北武
強

「採菊東籬下，
悠然見南山」，
陶淵明的愛菊形
象已然深入人
心。附圖的年畫
描畫了陶淵明採
菊回來，村童又
送他幾盆菊花的
情景。

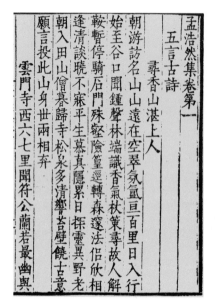

圖2-32　《孟浩然集》書影，明刊本

孟浩然是唐代有名的處士，他一生只曾短暫當過幕府，大部分時間都是隱居或遊歷。孟浩然的詩風格平淡，意境曠逸，是典型的處士之作。

圖2-33　白居易像，明刻本《歷代古人像贊》

白居易的政治生涯並不得意，屢遭貶謫。他很欣賞陶淵明，除了《效陶潛體詩十六首》外，還寫過《訪陶公舊宅》，詩中推崇了陶淵明的潔身自愛，亦表達了對隱居生活之憧憬。

趣，自謂羲皇人」。（圖2-32）又由此而產生了一種「和陶」的詩歌寫法，即以詩去應和陶淵明的詩作。如唐代白居易（772—846）（圖2-33）有《效陶潛體詩十六首》，宋代大文豪蘇軾有「和陶詩」一百多首等。晚清王國維討論文學的情景交融時，就用了陶淵明的名句「採菊東籬下，悠然見南山」作示例。這一方面可見文學史上對陶淵明的評價，另一方面亦可看到中國文學、文化實在是不排斥眞正的隱逸的。

　　眞正的隱士需放棄世俗的名利，追求精神上的自由閒適，這不是一般人、特別是自幼讀著儒家典籍的士人能夠輕易做到的。比如唐代詩人王維（701—761），一生幾次仕退，長期過著半官半隱的生活。（圖2-34）（圖

紫梅發初遍黃鳥歌猶澀誰家折楊女弄春如
不及愛水看糕坐羞人映花立香畏風吹散衣

早春行

四時

五言古詩

類箋唐王右丞詩集卷之一

唐　藍田　王維

宋　廬陵　劉辰翁　評

明　勾吳　顧起經　註

圖2-34　王維詩集書影，明嘉靖無錫顧氏奇字齋刊本《類箋唐王右丞詩集》

王維曾官至尚書右丞，故世稱「王右丞」。「安史之亂」時，安祿山曾逼會王維當官，但王維不願意，於是隱居輞川別業，寫詩作畫。

圖2-35　《輞川圖》（局部），明，宋旭繪，絹本設色，無錫市博物館藏

王維隱居之所叫輞川別業，位處終南山下。他隱居輞川時曾以該處景色作詩，名為《輞川集》。他又以詩意去構築園林，並將之畫成《輞川圖》，可惜該畫早佚。我們只能從《輞川集》20首詩中想像輞川別業的風光了。

圖2-36　《行楷書王維詩》（局部），清，王鐸書，紙本，北京故宮博物院藏

此詩題為《濟州過趙叟家宴》，寫詩人的隱居活動，例如談儒論道、欣賞風物、農耕曬書、飲酒下廚等，相當寫意。

山中未深皇者少此生
自樂書房居只廣三二
隙任工程未免楊山疥
雪林万補之語詩圖同
雲人 李本寧

庚甲七夕之在舟泊
苕花浦秋 莫子宇

圖2-37 《林和靖詩意圖》，明，董其昌繪，絹本設
色，北京故宮博物院藏

林逋詩如其人，清新雅淡。本圖出自明代書家董其昌
（1555—1636）之手，以疏淡的筆法，描繪了清雅的山
色、樹影，頗與林逋的詩風相合。

（圖2-35）（圖2-36）然而眞正的隱士也不乏其人。比如北宋有位隱士名叫林逋（967－1028），他性格孤高，在杭州孤山結廬而居，相傳超過二十年沒有踏足城市。（圖2-37）當時從皇帝到宰相、士子到高僧都很仰慕他，皇帝甚至賜食物給他，派人定期問候他。此外，也有不少人勸其出仕；可是，他自言「然吾志之所適，非室家也，非功名富貴也，只覺青山綠水與我情相宜」，堅拒爲官，結果至死都沒有當過官。林逋的所爲殊不簡單，他有許多出仕機會，但他忠於自己的性情，堅持過自己喜歡的生活。他終身不仕不娶，以梅爲妻，以鶴爲子。他的詩歌及字畫造詣不凡（圖2-38），更與其人的性情相配，如其字就被稱爲「清勁」「無一點塵俗氣」，其詩歌風格清雅淡遠，擅寫梅花及西湖美景，如「疏影橫斜水清淺，暗香浮動月黃昏」就很精

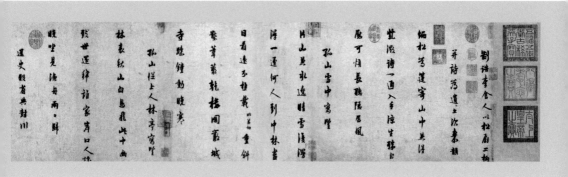

圖2-38　《行書自書詩》（局部），宋，林逋書，紙本，北京故宮博物院藏

林逋工書法，善詩詞，上圖為現存林逋唯一的長篇書法。這篇作品佈局
疏朗有致，筆法清勁爽朗，向來被人們認為是人品和書法的絕佳結合
品。

練地把梅花的神韻丰姿表現出來了，是流傳千古的寫梅名句。

　　作家的文藝生命和性情志趣的互動，譜出一篇篇真摯動人的作品。古
人相信「詩為心畫」，文學作品能夠讓千古而下的讀者感受作家的生命情
趣。時代會變，但對真率性情的欣賞卻代代皆然。人的一生必然會面對各
種壓力，例如工作和家庭、理想與現實的衝突等，能夠一以貫之地堅持自
己的性情和追求，不是人人可以做到的，這或許就是陶淵明和林逋等隱士
所以受人傾慕的原因。更重要的是，他們告訴了讀者，什麼叫精神自由和
富足。

中國文學

③

物　色

春秋 春秋代序，
心亦搖焉

好雨知時節，當春乃發生。隨風潛
入夜，潤物細無聲。野徑雲俱黑，江船
火獨明。曉看紅濕處，花重錦官城。

——杜甫《春夜喜雨》

（圖3-1）

有研究指出，動物的情緒會受天
氣影響，例如冬天時情緒會特別鬱結，
這種症狀叫「季節性情緒憂鬱症」，它
的成因或許與日照時間的長短、地理上
是否靠近南北極等因素有關，至今尚未
有定論。中國的文人雅士也許不懂撰寫
醫學報告，但他們很早就認識到外在環
境會對人的情感產生影響，特別是四季

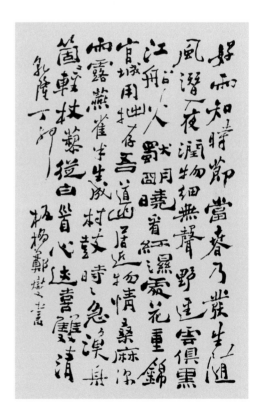

圖3-1　《書杜甫詩》，清，鄭燮書

鄭燮（1693—1765），字板橋，清初揚州畫
派的代表人物。他號稱詩、書、畫三絕，上
圖是他所書的《春夜喜雨》和《屏跡》第二
首。

圖3-2　《春消息圖》，元，鄒復雷繪，紙本墨筆，美國弗利爾美術館藏

春回大地，萬象更新，這種喜悅造就無數優美的文藝作品。此畫以梅樹作為主角，即使只有黑白二色，也能點染出其繁茂生長的盎然春意。

圖3-3　朱熹像，明，王圻《三才圖會》

朱熹在中國古代影響力極大，他的《四書集注》是士子考科舉時必讀的典籍。朱熹不僅是名大儒，也是一位富有藝術才華的詩人。他的詩很多，不少是寫景佳作，誰說思想家不能成為優秀的文學家呢？

變化，人的心情亦會隨之高低起跌。所謂「歲有其物，物有其容；情以物遷，辭以情發」，文人是敏感的，情文並茂的文學作品就在四時景物的醞釀下催生。春夏秋多景致各有異趣，最感動中國文人的可謂是春天和秋天了。

　　春天是充滿生機的季節，徜徉在春暖花開的環境，自然心曠神怡。（圖3-2）是以有關春天的文學作品，許多都充滿喜悅。例如本文開首杜甫的《春夜喜雨》，春雨綿綿，滋潤萬物，使百花盛放，詩人的心情亦相當快活，故稱春雨作「喜雨」。明媚的春光人人愛賞，請看南宋大儒朱熹（1130—1200）的《春日》詩：

勝日尋芳泗水濱，無邊光景一時新。等閒識得東風面，萬紫千紅總是春。

（圖3-3）

圖3-4　《江南春圖》（局部），明，文徵明繪，絹本墨筆，北京故宮博物院藏

春風來臨時，原本已天下聞名的江南風光，就格外讓人心曠神怡。如此美景，文學家的情意如何會不感發呢？讀到這些作品，你又會否產生春色無邊的喜悅呢？

有些人總喜歡將哲學家的文學作品解讀成哲理性文本，竭力挖掘其深意。這種解讀方法或許準確，但其實也不必如此。你看朱熹的這首小詩，通篇洋溢著對春意的欣賞：詩人春天出遊，看到萬紫千紅、萬象更新的風光，感覺到春意無處不在。無論誰讀這篇作品，都會感覺到他由衷的喜悅。（圖3-4）春天的可喜正在其處於寒冬之後，氣溫變暖，物色人情亦因而產生變化，試看宋朝張栻（1133—1180）的《立春偶成》：

　　律回歲晚冰霜少，春到人間草木知。便覺眼前生意滿，東風吹水綠參差。

　　草木對春意都有感應，何況是人類呢？中國有句話叫「物我兩忘」，就是說忘掉物和我的區別。又說「情景交融」，即情感與自然融為一體。可知，中國文學作品寫景物其實即是寫人，寫萬物的欣欣向榮即表示作者的心情愜意歡暢。宋代宰相王安石（1021—1086）被罷免，回家途中正是春天，他寫了《泊船瓜洲》這首詩：

　　京口瓜洲一水間，鍾山只隔數重山。春風又綠江南岸，明月何時照我還？

　　他這首詩沒有絲毫恨意，

圖3-5　《春曉》版畫，明，黃鳳池《唐詩畫譜》

《春曉》所寫的啼鳥落花到處可見，詩人將之濃縮到四句詩中，就將春天的活力、惜春的情意，簡潔流暢地勾勒出來，難怪成為家喻戶曉的一篇佳作。

山空無人
水流花謝
沈周

圖3-6　《落花詩意圖》（局部），明，沈周繪，紙本設色，南京博物院藏

花開花落，本極平常。但在觸覺敏銳的文學家眼中，就足以牽動春愁。《文心雕龍‧物色》有言「一葉且或迎意，蟲聲有足引心」，信然！

反而借綠油油的春色，襯托快將回到家鄉的喜悅，誰說被罷官的一定滿腹怨恨呢？

　　既然文人是敏感的，那春天有可喜的一面，自然也有可愁的一面。如孟浩然的《春曉》開首兩句將春色寫得閒適優美，「春眠不覺曉，處處聞啼鳥」，但接著兩句筆鋒一轉，就帶出無限惜春的意味，「夜來風雨聲，花落知多少」，意思是晚上突如其來的一場風雨，將多少美麗的花兒打落了，這多麼叫人惋惜！（圖3-5）進一步想，人生的得意是否正如這春色，風雨一來就會被破壞殆盡呢？（圖3-6）再如李商隱的《暮秋獨遊曲江》：

　　荷葉生時春恨生，荷葉枯時秋恨成。深知身在情長在，悵望江頭江水聲。

圖3-7 《荷花圖》，明，了明繪，紙本水墨，首都博物館藏

荷花在春天萌芽，夏天開花，秋天枯黃。它的生長規律與季節同步。所以，它的每一種形態變化，都像提醒我們時間正在流逝。

圖3-8 《長江萬里圖》（局部），明，吳偉繪，絹本墨筆，北京故宮博物院藏

長江萬里無際，浩瀚壯麗。於秋天落葉之時登高眺望長江，看到無數落葉飄落在流逝不斷的滔滔江水中，就更易掀起悲秋的情緒。

　　從詩中的第三句可知，詩人應與情人分別，也許詩人和情人相聚的只有短短的一個春天，所以每當荷葉生長的春天，詩人便觸景傷情，聯想到與情人分離的惆悵；（圖3-7）如此，春色頓成「春恨」，再不能讓詩人愉悅了。

　　春天在中國文學裏可喜也可悲，秋天則幾乎一味憂愁。宋玉（約前298—約前222）的《九辯》一開首便道出了秋天的可悲：「悲哉！秋之為氣也。蕭瑟兮，草木搖落而變衰。」正是草木開始枯萎衰落，讓文人傷感不已。這種搖落之情狀尤其容易觸動詩人的心緒，使其聯想到自己的各種不快遭遇。例如大詩人杜甫登高看到「無邊落木蕭蕭下，不盡長江滾滾來」（圖3-8），就生出「萬里悲秋常作客，百年多病獨登台」的自傷；亡國之君李煜（937—978）（圖3-9）《相見歡》寫登上高樓，望見秋月及梧桐樹而聯想到「剪不斷，理還亂」的「離愁」，使他「別有一番滋味在心頭」；背井離鄉的馬致遠（1250—1321）《天淨沙・秋思》寫遊子在異鄉

圖3-9 李煜像，明刻本《歷代古人像贊》

李煜曾經貴為皇帝，但亡國後過著幽禁生活，
彎悶惶恐的心情不難想像。有道是「詩窮而後
工」，李煜最優秀的詞作，正寫於他國破家亡
後的時期。

圖3-10 歐陽修像，明，王圻《三才圖會》

歐陽修是北宋名臣，也是古文運動的中堅份子。他
主張文以明道，文章要有實用價值，而他自己的創
作亦體現著這些主張。

看見「枯籐老樹昏鴉，小橋流水人家，古道西風瘦馬，夕陽西下」的秋天
景色，表達了「斷腸人在天涯」的孤單和落寞。

宋代歐陽修（1007—1072）（圖3-10）寫過一篇名為《秋聲賦》的文
章，對秋天的聲音作了很形象的描寫。秋風吹落葉的颯颯聲音時而大時而
小，有如波濤聲，又如風雨驟來之聲；秋風刮在物體上發出錚錚的聲響，
恍似金屬碰撞的聲音，又像人馬行走的聲音。這些紛繁的秋聲，作者聽在
耳裏，深深感到天地之肅殺，發出「嗟乎！草木無情，有時飄零。人為動
物，惟物之靈。百憂感其心，萬事勞其形」的感歎，他說人是萬物之靈，
生命裏滿是憂患，經常竭盡心力去做自己可能做不到的事，使自己蒼顏白
髮、形容枯槁。人的生命不像金石般堅固，為何又要與草木去爭一時之枯

榮呢？秋聲不可恨，可恨的是不停傷害自己的人！歐陽修於五十三歲撰寫
此文，當時北宋國勢日益衰落，自己又被政敵排擠，報國無門。讀者不難
想像，歐陽修聽到秋聲時心情應該很鬱悶，他將悲秋的文學傳統與人事的
荒謬和無奈共冶一爐，熔化成聲情並茂的抒情小品，難怪此文成爲千古傳
誦的名篇佳作。

　　劉勰《文心雕龍・物色》探討自然景物與文學創作的關係，最後以此
終結：「山沓水匝，樹雜雲合。目既往還，心亦吐納。春日遲遲，秋風颯
颯，情往似贈，興來如答。」大意是你將情感投放在大自然，大自然也會

圖3-11　廬山版畫，清，沈
錫齡《天下名山圖詠》

崇山峻嶺向來是詩人吟唱
的好地方，無論是登山遊
覽、尋訪道觀，抑或臨崖
遠眺，都可以生出無數的
感歎，寫出無窮無盡的好
作品。

圖3-12　敬亭山版畫，
清，沈錫齡《天下名
山圖詠》

自然山水還能成為文
學家的朋友，例如李
白曾七次登臨敬亭
山，他的《獨坐敬亭
山》就幻想自己是山
的朋友，與山相對而
坐，極其愜意：「眾
鳥高飛盡，孤雲獨去
閒。相看兩不厭，只
有敬亭山。」

以創作靈感來回答你。（圖3-11）人與大自然可以感通，可生共鳴；如此，
無論你有多孤獨寂寞，大自然永遠是你的知音，隨時守候在你左右。（圖
3-12）

▌月　明月幾時有

明月幾時有，把酒問青天？不知天上宮闕，今夕是何年。我欲乘風歸去，又恐瓊樓玉宇，高處不勝寒。起舞弄清影，何似在人間。　轉朱閣，低綺戶。照無眠。不應有恨，何事長向別時圓？人有悲歡離合，月有陰晴圓缺，此事古難全。但願人長久，千里共嬋娟。

　　——蘇軾《水調歌頭》

中國的傳說裏，嫦娥偷服了王母娘娘的不死藥，飛升到月亮上。她住在月亮上的廣寒宮，寂寞得很，於是叫玉兔搗藥，又命樵夫吳剛在宮外日夜砍伐桂樹，希望配成飛升之藥，回歸人間。（圖3-13）每逢中秋節（陰曆八月

圖3-13　《蟾宮月兔圖》，明，陶成繪，絹本設色，北京故宮博物院藏

有關月亮的傳說很多，其中最有名的是嫦娥奔月的故事。至於玉兔從何而來，向來也有不同說法，例如是后羿或者嫦娥本人的化身、千年修行兔仙之女、姬昌長子的魂魄等。

71

圖3-14 《望月圖》（局部），
明，張路繪，絹本墨筆，濟南市博
物館藏

月亮在中國已然是一個文化符號，
指代思鄉。圖中描繪一人在山中踱
步時抬頭望月，他是否想到了遠方
的親人？

十五），中國人喜歡一家人吃月餅賞月，長輩爲小朋友講述嫦娥的故事，
邊講邊指著月影，讓小朋友想像嫦娥、玉兔和吳剛的形象。這個膾炙人口
的「嫦娥奔月」的故事在中國也是與月亮有關的最有名的傳說。賞月的意
義不在月色有多美，而在於共聚天倫；月亮是中國文學中最常見的意象，
亦不是因爲它特別美，而是它蘊含的思親意義。（圖3-14）

　　「床前明月光，疑是地上霜。舉頭望明月，低頭思故鄉。」李白
（701—762）的《靜夜思》幾乎每個中國人都會背，「明月」和「故鄉」
的聯繫也是中國人的常識。中國人相信，中秋的月亮特別圓特別亮，也代

表著團圓的意思；所以，有關月亮的文學作品許多都和鄉愁有關，因為皓月當空，身在異鄉的人就倍覺寂寞，自然會更加想念故鄉和親人了。如杜甫《月夜憶舍弟》寫於秋天月夜（陰曆八月初八），其中四句「露從今夜白，月是故鄉明。有弟皆分散，無家問死生」。事實上，無論在什麼地方，月亮依然是同一個月亮，它在故鄉之所以分外明亮只是詩人的主觀想像。因為現在和幾個弟弟分散，望見秋月，就更勾起詩人對弟弟的思念了。再看本節開首所引的蘇軾（1037—1101）（圖3-15）的《水調歌頭》，這首詞

圖3-15　《東坡居士》，元，趙孟頫繪，紙本水墨，北京故宮博物院藏

蘇軾，字子瞻，號東坡居士。他夾在新舊黨爭之中，仕途浮浮沉沉，並不愜意。但他是中國文藝史上少有的天才，在詩、文、詞、書法、繪畫方面都很有成就；而他豁達豪邁的性情亦多寄寓在其作品之中。

圖3-16　《水調歌頭》版畫，
明，汪氏輯印《詩餘畫譜》

古時沒有電腦、電話，分隔異
地的親朋不易見面。正因為有
共同的體驗，所以蘇軾《水調
歌頭》中「但願人長久，千里
共嬋娟」一句引起了無數人的
共鳴。

是作者在中秋佳節酒醉後所寫的，除了抒發生活上的鬱悶外，更重要的是
懷念弟弟蘇轍（1039—1112）。此詞最後幾句云：「人有悲歡離合，月有
陰晴圓缺，此事古難全。但願人長久，千里共嬋娟。」蘇軾明白人生的得
失，親人的離合，是自古以來的平常事。他看似很看得開，只希望每年中
秋佳節，自己和弟弟都身體健康，即使不能相聚，也能夠遙遙思念對方，
與對方「一同」賞月。（圖3-16）有道是「每逢佳節倍思親」，作者的豁達
也許不過是一種自我安慰吧！

　　月亮的懷人意義也體現在思婦題材的作品中。古時男子需要服役，一離家往往就是幾年，留下妻子一個人在家，獨守空幃的思婦成為中國文學常見的題材。這類作品特別喜歡用月亮這個意象，例如《古詩十九首》中的《明月何皎皎》就寫了一個典型思婦形象，她被皎潔月色牽引出對遠行丈夫的強烈思念：（圖3-17）

　　明月何皎皎，照我羅床幃。憂愁不能寐，攬衣起徘徊。客行雖云樂，不如早旋歸。出戶獨彷徨，愁思當告誰？引領還入房，淚下沾裳衣。

　　一個婦人夜裏看見皎潔的月亮，無法入睡，只得起來一邊踱步一邊思念丈夫。這種愁思無法排遣，也無法找人傾訴，只有獨個兒灑淚去面對。思婦的愁苦很值得同情，後來不少文人以此為題，寫下許多動人心弦的文學作品。比如曹植《燕歌行》第一首，其中有「賤妾煢煢守空房，憂來思君不敢忘」「短歌微吟不能長，明月皎皎照我床」；張九齡（678－740）

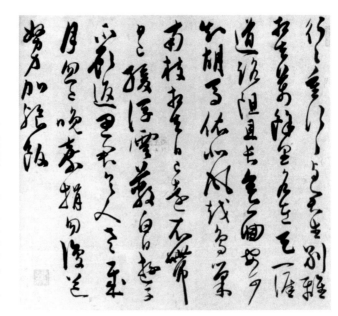

圖3-17　《草書〈古詩十九首〉》（局部），明，陳道復書，金栗箋紙本，北京故宮博物院藏

《古詩十九首》有許多遊子、思婦的篇章，除了《明月何皎皎》外，附圖所書《行行重行行》一首亦然。兩首的敘述者都觸景傷情，前者為月光照空床而發愁，後者則看到飛鳥歸巢而傷懷。

（圖3-18）《望月懷遠》中的「海上生明月，天涯共此時。情人怨遙夜，竟夕起相思」；沈佺期（約656—714）的《雜詩》第三首「聞道黃龍戍，頻年不解兵。可憐閨裏月，長在漢家營。少婦今春意，良人昨夜情。誰能將旗鼓，一爲取龍城」等。月亮都是相當重要的意象，它就如一個思念的開關，一按下，愁思就如水綿綿流出，難以抑止。

　　除了鄉愁和懷人，月亮的永恆還能引起中國文人哲理性的思考。例如李白《把酒問月》就云：「今人不見古時月，今月曾經照古人。古人今人若流水，共看明月皆如此。」月亮恆常高掛，古今皆然，我們無法看到古時的月亮，但月亮卻見證著古今的一切人事變遷。這種哲思頗有唏噓之味道，人生相對於大自然，不過是匆匆一瞬而已！（圖3-19）再看張若虛（約660—約720）的《春江花月夜》，詩人從江上的明月起興，寫「江畔何人初見月？江月何年初照人？人生代代無窮已，江月年年望相似。不知江

圖3-18　張九齡像，明，王圻《三才圖會》

張九齡，字子壽，曲江人，後人多稱他爲「張曲江」。張九齡除了寫詩了得外，還是唐代以敢言剛直著名的宰相，曾指安祿山「有反相」，後來果然發生「安史之亂」。

圖3-19　《峨眉山月歌》版畫，明，黃鳳池《唐詩畫譜》

李白很喜歡寫月入詩，《峨眉山月歌》就以掛在峨眉山上空的月亮起興，寫月亮倒映在江水上，自己對友人的思念，如流水般既急速，亦不止息。

圖3-20　《孤月群鳩圖》，清，惲壽平繪，紙本淡設色，瀋陽故宮博物院藏

夜色迷濛，群鳩在棲集，淡淡月影在嶙峋的松枝間若隱若現。如此疏淡空靈的氣氛，能讓讀者想到什麼呢？畫家惲壽平題詩末句云「春寒鳥影驚棲起，為有鐘聲喚隔林」，原來寺廟鐘聲，敲碎了這片和諧與空靈。

月待何人，但見長江送流水」，同樣表達了人生短暫的感歎。此詩進一步將遊子思歸之情感寄寓其中，「不知乘月幾人歸，落月搖情滿江樹」，多少遊子可以乘著月色，踏上歸途呢？再如姜夔《揚州慢》寫破落的古代名城：「二十四橋仍在，波心蕩、冷月無聲。念橋邊紅藥，年年知為誰生？」月亮高掛天上，不發一聲，冷冷地看著這座名城由繁華到頹敗。永恆的它，到底是有情還是無情？（圖3-20）

　　月圓月缺是普通極了的自然現象，我們可以很科學地去理解。讀中國文學作品，月亮作為一個思鄉、懷人，乃至於象徵永恆的意象，引介我們以有情的角度去體會世界。或者，我們寂寞之時，可以效法李白，抬頭望月，幻想月亮是我們的朋友，跟它共舞吧：

　　花間一壺酒，獨酌無相親。舉杯邀明月，對影成三人。月既不解飲，影徒隨我身。暫伴月將影，行樂須及春。我歌月徘徊，我舞影零亂。醒時同交歡，醉後各分散。永結無情遊，相期邈雲漢。（李白《月下獨酌》第一首）

▍水　抽刀斷水水更流

春花秋月何時了，往事知多少。小樓昨夜又東風，故國不堪回首月明
中。　雕欄玉砌應猶在，只是朱顏改。問君能有幾多愁，恰似一江春水向
東流。

——李煜《虞美人》

有一次，孔子在河岸邊觀水，他感歎地說：「逝者如斯夫！不捨晝
夜。」河水川流不息的自然現象，讓這位古代哲人聯想到時間亦不分晝
夜地流逝，但自己的理想卻不知何時達成。又有一次孔子說：「知者樂
水。」水不住流動、變化莫測，有智慧的人喜歡水，因為水的特性和智者
的性情相通。另一位大哲人老子曾說：「上善若水。」（圖3-21）因為水於
任何環境、遇到任何東西，都能夠與之和平相處，所以最近「道」。（圖
3-22）中國古代哲人都愛用水打比方，揭示各種做人處世的道理。無他，我
們日常生活最常接觸到水，加上其多變的特性，自然利於演說道理。你可
能會說：水就是水，就是由氫和氧構成的物質，為何有這麼多聯想？中國
人觀察事物，從來不單純把它們看作一件死物，反而喜歡聯繫自身，啟發

圖3-21　老子版畫，《中國版畫史圖錄》

老子姓李名耳，是中國春秋時代著名的思想家，也是道教尊奉爲「道德天尊」的道祖。他著有《道德經》一書，闡述了自然無爲的思想，提出了與儒家截然不同的道德觀和政治觀。

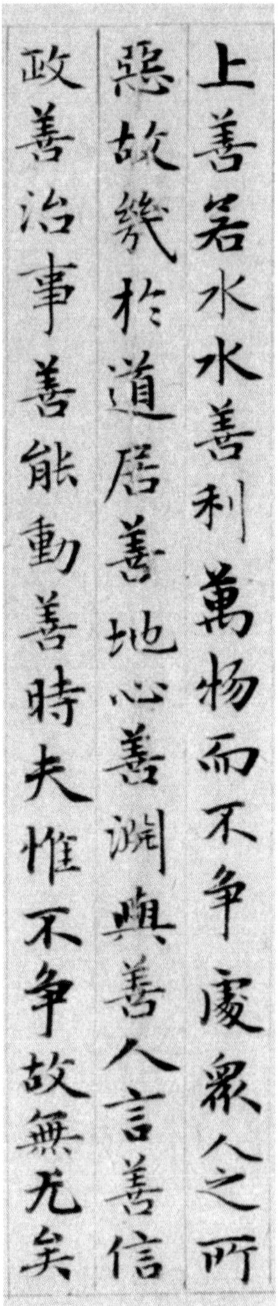

圖3-22　《小楷老子〈道德經〉》（局部），元，趙孟頫書，紙本，北京故宮博物院藏

水是人們日常接觸最多的其中一樣物事，也許正因此，思想家喜歡借水來說明道理。老子和孔子對水的看法看似相同實不同，同樣看到水的多變；但老子看到的是「不爭」的善性，孔子看到的則是「智者」的變通。

上善若水水善利萬物而不爭處眾人之所惡故幾於道居善地心善淵與善人言善信政善治事善能動善時夫惟不爭故無尤矣

出許多人生道理，又或者牽引種種情感思緒。所以，隨手翻讀中國文學作品，你會發現水出現的頻率相當高。這些作品並不止於描寫水的形態和特質，更重要的是寄寓其中的思想感情。故此，無論江、河、小溪還是瀑布，都足以引起中國文人的興致，都可以成爲文人的抒情載體。（圖3-23）

唐代大詩人李白許多詩篇都和水有關，例如《贈汪倫》：

李白乘舟將欲行，忽聞岸上踏歌聲。桃花潭水深千尺，不及汪倫送我情。

桃花潭水再有多深，也不及好友汪倫對李白的深情厚誼。為什麼呢？因為詩人一直得到好友汪倫的照顧（相傳李白好酒，汪倫常將自己釀製的好酒送給李白），現在要遠行了，汪倫又趕來送行。就在岸邊，詩人以極目所見的景象，表達他對好友的感激和謝意。於此，千尺潭水並非單純物象，它已然承載著詩人的情感。又如《宣州謝朓樓餞別校書叔雲》的名句

圖3-23 《江城送別圖》，明，逸名繪，絹本墨筆，淮安市博物館藏

在中國文學裏，長亭送別和江頭送別，都是鋭富詩意的場景。臨別依依，自然風物正好襯托出送別的深情厚誼，是情景交融的最好示範。

「抽刀斷水水更流，舉杯銷愁愁更愁」，刀無法砍斷水流，酒也無法消除煩憂。水的流動讓詩人聯想起不絕的愁緒，它不再是歡欣的意象了。再如《夢遊天姥吟留別》，該詩寫詩人夢中到了仙山，看到各種奇景，甚至與仙人相會，極盡歡愉之時突然夢醒，於是發出「世間行樂亦如此，古來萬事東流水」的感歎。中國的江水一般由西向東流，它千百年來恆常不絕地流動著，正如時間永遠不會停下來。李白明白夢中的歡愉很短暫，所謂功業亦不過是一陣子的事兒，「安能摧眉折腰事權貴，使我不得開心顏！」若要扭曲自己去換取功名，那肯定不會快樂，詩人是決計不做的。這首詩

83

中的水是個時間意象，它啓發了詩人，使他解開了鬱悶的心結。在李白的作品裏，無論是歡樂的水、憂愁的水，還是富有啓導意味的水，都融合著詩人的性情，屬於詩人個人。所以，李白詩篇的水寫得很豪邁灑脫，即使是憂愁的水也絲毫不覺拖泥帶水。

　　若在另一位作家筆下，水依然是時間意象，但其感覺卻截然兩樣。請看本文開首的那篇詞，它的作者是李煜。李煜是中國歷史上有名的亡國之君，他做皇帝做得很失敗，投降後被人從金陵押送到開封軟禁，三年後被賜死。可以想像，由一國之君到階下之囚，李煜被軟禁時一定鬱鬱寡歡，故國的一切都讓他懷念，然而景物或者依舊，可是自己的身分已經不同了。這首《虞美人》在這樣的背景下寫出來，一字一句都透露著李煜的鬱悶與哀愁。其以「問君能有幾多愁，恰似一江春水向東流」收結，就將詞中提到的故國之思高度集中起來。春水承載著李煜的鬱悶與哀愁，綿綿不絕地向東流，時間可以過去，但哀愁卻像流水一樣，永遠不會停止。（圖3-24）讀者可以將這首詞和李白的詩比較一下，同樣寫向東流的水，李白的

圖3-24　《水圖》——長江萬頃，宋，馬遠繪，絹本設色，北京故宮博物院藏

畫中江水浩蕩，平穩而又從容，正順著江風的吹拂，朝向大海奔湧而去。李煜以水喻愁，將愁思的長流不斷、無窮無盡與滔滔水勢聯繫在一起，既富哀怨亦蘊大氣，讓人不由自主地陷入了這奔湧的憂鬱之中。

圖3-25　柳宗元像，明刻本《歷代古人像贊》

柳宗元字子厚，河東人，故人稱柳河東。又因
為當過柳州刺史，故亦號柳柳州。他的詩歌造
語平淡，寫景頗多，風格與陶淵明、韋應物相
近。

是豪邁灑脫，李煜的則深沉鬱結，二者的情感色彩多麼不同！

　　「以我觀物，物皆著我之色彩」。水是一個客觀物象，它有著自己的
特質或存在模式。作家將自己的情感貫注其中，就使它變成一個意象，既
有其客觀的特質，也包含著作家的思想感情。如此，水則體現著作家的個
人特色，不再是一樣客觀單純的物事了。中國人重情，對人有情，對物也
有情。正因為中國人從來不當物是單純的物事，所以才產生出融情入物、
物我兩忘的抒情境界。在現今人事繁複的世界，我們又能否以有情的眼光
去觀察世界呢？送上柳宗元（773—819）（圖3-25）的《漁翁》，一起細味
清新閒適的「水」吧：

　　漁翁夜傍西巖宿，曉汲清湘燃楚竹。煙銷日出不見人，欸乃一聲山水
綠。回看天際下中流，巖上無心雲相逐。

中國文學

④

愛　情

▌民情　窈窕淑女，君子好逑

將仲子兮，無逾我園，無折我樹檀。豈敢愛之？畏人之多言。仲可懷
也；人之多言，亦可畏也。

　　　　　　　　　　　　　　　　　　——《詩經·鄭風·將仲子》

　　中國的先賢孟子（約前372—前289）說過：「食、色，性也。」飲食
和男女歡愛都是人類的天性。在愛情面前，任何人都是平等的，它從來不
是某些人的專利。而且，不論貧的富的、聰明的愚笨的、老的少的，都有
可能為愛情而牽動情緒，或喜或悲。正是因為愛情可以超越階級、年齡、
貧富、種族，所以古今中外才有這麼多形形色色的愛情故事。文學反映生
活、反映心理，說愛情是文學的永恆主題並不過分。中國最早的詩歌總集
《詩經》，就收錄了許多情感真摯、活潑跳脫的愛情民歌。例如《靜女》
就寫一男一女相約於城牆旁邊見面，男的到了約會地點，不見心上人，搔
首踟躕，心癢難耐。原來他的心上人早就到了，只是故意躲起來，偷看他
焦急的窘態：靜女其姝，俟我於城隅。愛而不見，搔首踟躕。

　　讀這首小詩，我們可以想像到男的憨厚女的乖巧，那女的一定經常捉

弄她的心上人了。又如《關雎》（圖4-1）一篇，它頭三段是這樣的：

　　關關雎鳩，在河之洲；窈窕淑女，君子好逑。

　　參差荇菜，左右流之；窈窕淑女，寤寐求之。

　　求之不得，寤寐思服；悠哉悠哉，輾轉反側。

　　意思是成雙成對的鳥兒在河岸上鳴叫，河邊的水草參差不齊，這些景象讓詩人聯想到他要追求的對象。（圖4-2）詩人為了她睡不安寐，輾轉反側，即使在夢裏也想著如何追求她。讀者請看，他的情感是多麼真率！在

圖4-1　《關雎風始圖》，清，高儕鶴《詩經圖譜慧解》本

男歡女愛本就是人倫之始，《關雎》從水鳥的求偶寫到淑女之追求，反映的正是人類最純樸直率的愛慾。欣賞這些詩歌，可以產生共鳴的喜悅和感動。

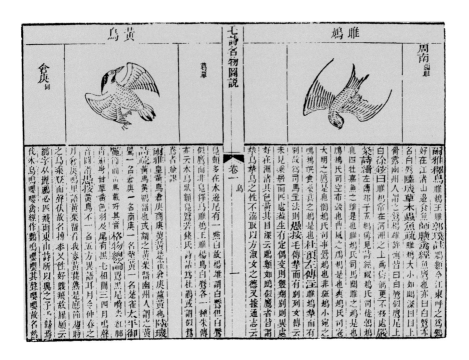

圖4-2　雎鳩、黃鳥圖，清，徐鼎《毛詩名物圖說》

《詩經》中收了大量情感真率的民歌，並開拓了以物
起興的寫作傳統。孔子說讀《詩經》，最小的收穫也
可以知道許多不同事物的名稱。例如上圖之雎鳩和黃
鳥，前者出於《周南·關雎》，後者出於《秦風·黃
鳥》。

民歌裏，求愛之心從來不需要掩飾或包裝。（圖4-3）試看漢代的一首樂府
《上邪》：

　　上邪！我欲與君相知，長命無絕衰。山無稜，江水爲竭，冬雷震震，
夏雨雪，天地合，乃敢與君絕！

　　主人翁向愛人發誓，以五件不可能發生的事來表達自己對愛人生死不
渝的愛情。有研究指出，古代的「君」專指男性，那這首詩的主人翁就可
能是一名女子。在這首詩中她何嘗有絲毫忸怩之態呢？誦讀這些作品，你

圖4-3 《蒹葭秋水圖》，清，高
儕鶴《詩經圖譜慧解》本

「蒹葭蒼蒼，白露為霜。所謂伊
人，在水一方。」所愛之人近在眼
前，如何跨過障礙去追求她呢？景
物和情意在坦率的表白中水乳交
融，這正是最真摯、最動人的民
歌。

是否感到清新可喜，會會心微笑呢？（圖4-4）

　　中國古代社會經常給人封建專制的印象，實際上是不是這樣呢？這裏
並不評論。事實上，任何國度都存在著種種規範，也有它特定的社會狀
況，認識它們，對我們讀文學作品會有一定的幫助。例如本文開首所引
的《將仲子》，它的敘述者是一位女子。這位女子向情人勸告：你不要翻
過圍牆、踏斷我家檀樹樹枝，偷入屋來相會。不是我愛惜檀樹，而是人言
可畏，我雖然深深地愛著你，但也害怕別人的閒言碎語啊！周代是五家為
一鄉、五鄉為一里，裏外有牆圍著。晚上要偷入情人的家，是相當費周折

的，也很容易讓人發現。當時男女之防雖然不算嚴厲，但晚上私會還是會讓人批評爲「淫奔」的。明白這些情況，就可以理解女主人公的焦灼心理，她一方面很想和情人相聚，另一方面又害怕流言蜚語，會影響他們的交往。談戀愛不光是兩個人的事，也涉及家庭和社會規範，中國的民歌雖然眞率自然，但也包含著對家庭和社會規範的體會和回應。漢代有一首十分有名的樂府詩《孔雀東南飛》，這首詩篇幅很長，有三百六十五句，每句五字，講述一對年輕夫婦焦仲卿和劉蘭芝的故事。劉蘭芝因得不到婆婆歡心，被趕回家，回家後立誓不再嫁人，但又被攀附權貴的哥哥逼著改嫁。就在再婚之日，劉蘭芝投河自盡，焦仲卿亦上吊而死。二人死後，兩家人將他們合葬，墳墓兩旁的樹木枝葉交錯，樹上鴛鴦夜夜長鳴，似要告誡世人，勿要重蹈覆轍，讓焦劉的悲劇重演。此詩文字淺白，但形象突出，寥寥數句已將人物形象傳神地畫出，如劉蘭芝被逼再婚，「阿女默無聲，手巾掩口啼，淚落便如瀉」，劉蘭芝的傷心情狀寫得如在目前；又像

圖4-4 《白蛇傳》民間年畫，晚清，河南開封

《白蛇傳》是中國著名的民間傳奇，講述蛇精白素貞的報恩故事。這個故事在民間口耳相傳，有許多不同版本，但都歌頌白素貞的堅定意志，和對丈夫許仙的無私愛情。

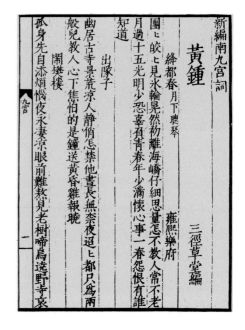

圖4-5　《荔枝記》版畫，明萬曆朱氏與耕堂本《新刻增補全像鄉談荔枝記》

又名《荔鏡記》，中國閩南民間傳奇。這部傳奇推崇自由戀愛，與「父母之命、媒妁之言」的婚配傳統有很大衝突，所以在明清兩朝曾遭禁演，但這卻無阻它在民間的風行。

圖4-6　《新編南九宮詞》書影，明三徑草堂本

民情之可喜，還可見於樂府和竹枝詞。附圖《新編南九宮詞》一書就是明代出版的樂府選集，選錄了明代嘉靖之前的南曲，內裏許多都以民間男歡女愛為題。

焦仲卿得知劉蘭芝自盡時，「府吏聞此事，心知長別離。徘徊庭樹下，自掛東南枝」，他的痛心及生死相隨亦寫得簡潔而突出。從這些詩歌體驗出來的民情坦率可愛，它們不單直接表達對愛情的渴求，也從不迴避社會規範帶來的壓力。古人說「詩可以觀」，就是說詩歌可以觀察民情，可以知道百姓的所喜所憂。（圖4-5）漢代官府有個機構叫作樂府署，專門採集民間歌謠，編成樂曲。它除了為皇帝提供音樂享受外，也有體察民情的作用呢。

　　也許民歌實在太可親可愛了，有些文人也仿照民歌的體式和做法，進

行創作，例如唐代詩人劉禹錫（772—842）的《竹枝詞》：

山桃紅花滿上頭，蜀江春水拍山流。花紅易衰似郎意，水流無限似儂愁。

這些詩絕少雕飾，多用比興，配合白描手法，情感亦較直露。如上面這首詩以花、水起興，表達情郎用情不深，使小女子無限憂愁的心理。這一類詩自劉禹錫開始，寫的人很多，「竹枝詞」後來便成為這一類作品的專稱。（圖4-6）

民歌真率自然，人人愛讀。它們在中國文學的地位很高，原因正是它們的「真」；中國人相信，「真」是發自內心，自然地表現在外，那正是文士孜孜追求的文學境界。古人說「真詩在民間」，這不是說讀書人無法寫出「真詩」，而是指出「真」之可貴。文學作品雖然是寫出來的，但如果矯揉造作、為文造情，那是永遠無法達到「真」的境界的。

▊ 相思　蠟炬成灰淚始乾

纖雲弄巧，飛星傳恨，銀漢迢迢暗度。金風玉露一相逢，便勝卻人間無數。　柔情似水，佳期如夢，忍顧鵲橋歸路？兩情若是久長時，又豈在朝朝暮暮。

——秦觀《鵲橋仙》

有戀愛經驗的人都知道，與戀人分別，是最叫人難過的事了。相思之苦，無分時代、地域、民族，是人類共有的情感體驗。古今中外，多少動人心弦的文學作品與相思之苦有關呢？（圖4-7）中國文學以相思為題的作品特別多，亦特別打動人。這些愛情小品許多都帶有親切而深刻的物象，它們輾轉相傳，形

94

成一系列「相思類」的意象；讀中國文學作品愈多，就愈容易為這些意象感動。有學者將中國文學的情感傳播叫作「感發的生命」，這實在是絕妙的形容啊！

不妨從神話說起吧！相傳天上有個仙女名叫織女，她很美麗，手很靈巧，專門替玉帝織布。玉帝見她寂寞，就賜她與牛郎結婚。（圖4-8）牛郎織女兩情相悅，能夠成婚當然高興得不得了。哪知從此以後，織女竟荒廢了織布工作。玉帝知道後大怒，逼令二人分開，命他們只能在每年七月七日才可相見。傳說，每逢七月七日，無數的喜鵲會在天河聚集，為牛郎織女架起一道鵲橋，讓二人相會，年年如此。這便是中國民間節日「七夕」

圖4-7　《九歌圖》，元，張渥繪，紙本墨筆，吉林省博物館藏

《湘君》和《湘夫人》是屈原《九歌》中的兩首愛情詩。《湘君》寫的是湘夫人對湘君的思念，《湘夫人》寫的是湘君對湘夫人的思念，《湘君》、《湘夫人》是姊妹篇，表達了一個共同主題，即死生契闊、會合無緣的愛情痛苦。

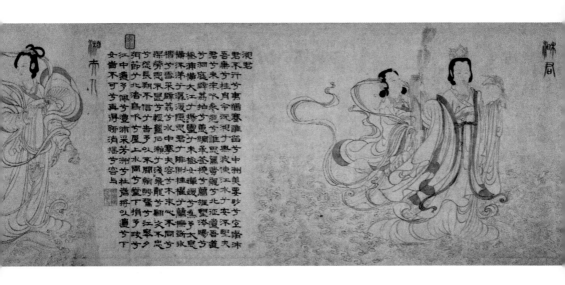

圖4-8　《織女圖》，明，張靈繪，紙本設色，上海博物館藏

在中國文化裏，織女幾乎就是相思的代表，她與牛郎一年只得一夕相見，其他日子就只有寂寞和等待。

之由來。（圖4-9）早在漢代，已有詩歌記敘這傳說了，如《古詩十九首》：「迢迢牽牛星，皎皎河漢女。纖纖擢素手，札札弄機杼。終日不成章，泣涕零如雨。河漢清且淺，相去復幾許？盈盈一水間，脈脈不得語。」這首古詩以織女之角度，寫她與牛郎分別期間的情感。你看，與戀人分別之織女，終日以淚洗面，連織布也沒勁兒。詩人沒有在牛郎織女之相識、相愛、相聚上做文章，而僅僅選擇以織女的相思爲題，這種寫法反而更能突出織女之情深和相聚之可貴。從此以後，牛郎織女成爲詩詞中最常引用的愛情故事之一。試看本節開首所引的秦觀（1049—1100）《鵲橋仙》，詞中寫的也是牛郎織女的故事，但作者選取的角度卻是久別後的相聚一刻，寫出了牛郎織女的纏綿婉轉。這首詞動人之處不僅在於相聚情形之描寫，更在於詞人對他倆遭遇的感歎：「兩情若是久長時，又豈在朝朝暮暮。」眞正長久的愛情往往不需要朝夕相見，漫長的分別與相思，反而會令相聚顯得更爲可貴。這個神仙的愛情故

事，在秦觀筆下變得更浪漫和人性化，誰說中國文學一定和封建教化有關呢？

唐代的李商隱，被喻為其中一位最擅寫愛情詩的詩人，他有一些「無題詩」，詩意隱晦，主題不明。中國人習慣從題目去猜測作品的主題，既然題目為「無題」，那詩的主題便只有從詩中的意象和語言去猜度了。有趣的是，李商隱的「無題詩」往往可以循愛情的方向去讀，於是有些論者就認為李商隱一定經歷過刻骨銘心，又無法結合的苦戀，所以才寫了這些「無題詩」。例如以下這首：

> 相見時難別亦難，東風無力百花殘。
> 春蠶到死絲方盡，蠟炬成灰淚始乾。
> 曉鏡但愁雲鬢改，夜吟應覺月光寒。
> 蓬山此去無多路，青鳥殷勤為探看。

此詩開首第一句已經點題，接著用了一系列的意象，帶出相愛但無法結合的種種無奈，及相思之永恆不息。你看，百花已殘，東風無法讓它們回復生機，詩人與愛人的關係已然中斷，無可挽回。春蠶一直吐絲直至死亡，蠟燭只有成灰才會停止燃燒，那對愛人的思念是否亦一樣呢？早上照鏡發現兩鬢多了白髮，難道是相思不斷，難以入眠所致嗎？晚上獨自吟詠，感到絲絲寒意，難道因為所愛的人不在身旁嗎？最後，詩人以仙山蓬萊指代愛人之所居，希望傳說中專為西王母傳信的青鳥能

圖4-9　《牛郎織女傳》版畫，明，書林仙源余成章梓本《新刻全像牛郎織女傳》

每年七夕，喜鵲在銀河築起鵲橋，讓牛郎織女相會。這麼浪漫的故事在民間廣為流傳，並出現了不少改編作品。附圖是明代朱名臣撰《牛郎織女傳》的書影，該書採用了明代流行的上圖下文方式刻印。

夠多去探看。這一系列的意象,在有限的字句裏,提高了詩的情感密度,從感歎現狀到相思,再到祈盼,讀者可以深深體會到那種刻骨銘心的相思之情。

　　情之為物,實在奇妙,它可以讓你輾轉反側,可以使你眼中的景物變換常態,可以無端勾起你的絲絲記憶。宋代有一位填詞人叫柳永(約987—1053),他最愛流連妓院,所寫的詞(圖4-10)情意綿綿、淒婉動人,寫出了無盡的相思苦悶。或許他的詞寫出了不少妓女的心聲,所以當時的妓女都很欣賞他,甚至在他身故之後,每年清明節相約到他墳前拜祭。試看他的一首名作《雨霖鈴》:

　　寒蟬淒切,對長亭晚,驟雨初歇。都門帳飲無緒,留戀處,蘭舟催發,執手相看淚眼,竟無語凝噎。念去去千里煙波,暮靄沉沉楚天闊。　多情自古傷離別,更那堪,冷落清秋節。今宵酒醒何處?楊柳岸曉風殘月,此去經年,應是良辰好景虛設,便縱有

圖4-10　草書柳永詞句,明,睦明永書,紙本,北京故宮博物院藏

「凡有井水處,即能歌柳詞。」柳永詞感動人的地方,就是對相思之情的刻骨描寫。柳永在當時詞壇上叱咤風雲,但前人評價他的詞,多認為其詞的格調不高,這與其多論狹於情愛題材有關。

千種風情，更與何人說？

（圖4-11）

　　《雨霖鈴》是詞牌，它的來源本已和相思分不開。相傳此曲是唐玄宗賜死楊貴妃後，在路上聽到雨聲鈴聲，勾起他對楊貴妃的思念而作的。柳永此詞，上片寫送別，下片寫相思。分手時念及從此天各一方，怎會不「執手相看淚眼」，難發一言？別後經年，相思不絕，即使佳節到來，也只覺冷冷清清，還不如借酒澆愁吧！眼前一片美景，在苦苦的相思下，又如何有心情去欣賞呢？此詞寫得情意綿密，極目所見之美景與心

圖4-11　《雨霖鈴》版畫，明，汪氏輯印《詩餘畫譜》

「楊柳岸曉風殘月」，好一幅送別的場景。與情人分離在即，即使良辰美景在前，又有何心情欣賞呢？美麗景致和詞人的離愁別緒形成強烈反差，所以「縱有千種風情，更與何人說」。

中之愁緒形成強烈反差。有評論指柳永此詞善於「點」、「染」，即點出愁思，然後以風景事物去渲染，以達到景中有情的境界。當時有一句俗話說「凡有井水處，即能歌柳詞」，就道出了柳永詞的普及情況。你可以說文學作品不是人人能寫得出來的，但離愁別緒是你我共有，或者可以想像得到的體驗，真情實感的文學作品是人人都喜歡的。

▌悼亡　除卻巫山不是雲

　　十年生死兩茫茫，不思量，自難忘。千里孤墳，無處話淒涼。縱使相逢應不識，塵滿面，鬢如霜。　夜來幽夢忽還鄉，小軒窗，正梳妝。相顧無言，唯有淚千行。料得年年腸斷處，明月夜，短松岡。

——蘇軾《江城子‧乙卯正月二十日夜記夢》

　　「黯然銷魂者，唯別而已矣！」生離固然讓人惆悵，但仍可寄望他朝相逢；死別則是陰陽永隔，有情人又怎會不傷心欲絕呢？愛情是中國文學常見的主題，悼亡就是情感到了無法壓抑時迸發出來的心聲。所以，這一類作品大都寫得很真率，即使托物以情，也不會覺得難懂。例如中國文學史上有名的美男子潘岳（247—300），喪妻後寫了一些悼亡詩，就非常動人，其中一首是這樣的：

　　荏苒冬春謝，寒暑忽流易。之子歸窮泉，重壤永幽隔。私懷誰克從，淹留亦何益。僶俛恭朝命，回心反初役。望廬思其人，入室想所歷。幃屏無彷彿，翰墨有餘跡。流芳未及歇，遺掛猶在壁。悵恍如或存，回惶忡驚惕。如彼翰林鳥，雙棲一朝隻。如彼游川魚，比目中路析。春風緣隙來，

100

圖4-12　《元白長慶集》書影，明萬曆馬元調刻寶儉堂印本

元稹和白居易友好，二人創作了不少樂府詩，被論者視爲中唐時期新樂府運動的中堅份子。元稹的詩現存800多首，其悼亡詩寫得尤其淒婉動人。此外，他亦撰傳奇《鶯鶯傳》，流傳很廣。

晨溜承簷滴。寢息何時忘，沉憂日盈積。庶幾有時衰，莊缶猶可擊。

　　這首詩可以分為三部分，首先指出冬去春來，妻子死去已歷一年，詩人身有公務，需要出行。接著寫舊居中的一事一物，亡妻都曾用過，詩人觸景傷情，勾起與亡妻生前一起生活的種種回憶。最後以「翰林鳥」、「比目魚」喻己，寫出喪偶後的淒涼孤獨，即使心想仿效莊子喪妻的達觀，但寢息之間卻無刻或忘，哀戚之情只有愈積愈深。這首悼亡詩深情眞摯，充分展現了詩人對亡妻無止境的思念，古人評潘岳的詩為「其情自深」，確有道理，而自潘岳起，悼亡詩就成了丈夫悼念亡妻的專題了。

　　唐代的元稹（779－831）亦以悼亡詩著名。（圖4-12）他於政治上曾依

101

附宦官，感情生活上亦頗混亂，所以論者對他的人品評價頗低。然而他對糟糠之妻韋叢卻一往情深，並寫了不少悼亡詩。韋叢是世家女子，父親是太子少保韋夏卿；元稹和韋叢結婚時尚未身居高位，到韋叢病死後他才升任監察御史，故二人可以說是貧賤夫妻。元稹後來還有好幾段情史，但他為韋氏所寫的悼亡詩卻感人至深，堪稱千古絕唱，試看以下兩首：

離　思

曾經滄海難為水，除卻巫山不是雲。取次花叢懶回顧，半緣修道半緣君。

遣悲懷

閒坐悲君亦自悲，百年都是幾多時。鄧攸無子尋知命，潘岳悼亡猶費辭。同穴窅冥何所望，他生緣會更難期。惟將終夜長開眼，報答平生未展眉。

第一首《離思》，表達了韋氏在詩人心中不可取代的地位，即使百花綻放眼前，他也無心去賞。第二首《遣悲懷》，有三首，這裏引的是第三首。詩中除了哀悼亡妻外，亦抒發了詩人與妻子同穴合葬的願望。不過，他自知這個願望很難達到，要來生相會亦屬難料。妻子對自己的恩情，只好以晚上終夜不眠來報答。這兩首詩寫得何其淺白，何其具體，亦何其動人！對亡妻的思念不會因時間流逝而減退，這才算是刻骨銘心。古人云「詩以道性情之真」，又說「詩者，吟詠情性」，情感本來就是文學的重要元素，倘若寫作品、讀作品只留意有沒有政治教化，那可將文學瞧得太過單調了。

表達哀戚是悼亡作品的主要特徵，中國人重情，對生者有情，對死者也有情。作者寫悼亡作品時，往往視死猶生，將已逝之愛妻當作說話對象，例如上文引用的幾首詩便是。此外，有些作品甚至會假設夫妻相會的情景，以表達不能忘懷的悲涼之情。試看文首所引蘇軾的《江城子·乙卯

正月二十日夜記夢》，這首詞寫於一○七五年，蘇軾妻子逝世剛好十年，他這時身在密州（今山東諸城），妻子的墳墓卻在故鄉眉山（今四川眉山市），亡妻之墳遠在千里，所以說「千里孤墳，無處話淒涼」。（圖4-13）從詞中所見，十年以來，亡妻在蘇軾心裏是未曾或忘的，正因如此，才會「不思量，自難忘」。作者十年來歷盡滄桑，他悲愴地假設，就算現在和亡妻相逢也應該不認得對方了。陰陽相隔本已傷心難過，相逢但不認得更是無奈悲涼！詞的下片開始「記夢」，作者夢到自己返回故鄉，於小樓裏看著愛妻理容梳妝，好像新婚時候一樣。可是，竟然沒有半點甜蜜，二人對望，「唯有淚千行」，斷腸般的悲傷感覺，即使在夢裏也纏繞不絕！時間可以讓作者經歷一切，卻不能夠沖淡他的喪妻之痛；對亡妻的思念，只會銷魂蝕骨，有如夢魘，不絕於縷。其他，如李清照悼念亡夫的作品也是

圖4-13　蘇軾像，明刻本《歷代古人像贊》

蘇東坡寫了不少詞，現存的有300多首。他的詞作取材很寬，抒情言懷、歷史思考、報效國家等都可以入詞，開拓了詞的境界。

圖4-14　《李清照像》，清，崔錯繪，絹本設色，北京故宮博物院藏

李清照是宋代著名的女詞人，她寫了許多詞作，抒發對亡夫的思念，及對空虛生活的感觸。例如《聲聲慢》開首一句「尋尋覓覓，冷冷清清，淒淒慘慘慼慼。乍暖還寒時候，最難將息」，已是千古絕唱。

　　淒婉哀絕，成為千古絕唱。（圖4-14）

　　中國文學一向推崇含蓄、言簡意賅的審美標準，以上悼亡詩的抒情方式可算直露，言辭亦不算簡潔，試看「曾經滄海難為水，除卻巫山不是雲」、「惟將終夜長開眼，報答平生未展眉」、「十年生死兩茫茫，不思量，自難忘」等句子，都不事雕飾，明白如話，但它們卻可以傳誦千古。由此可見，欣賞文學作品不應單單關注藝術形式，因為情真才足以打動人心，這是文學的價值所在。

▌情至　情之所至，死可以生

情不知所起，一往而深。生者可以死，死可以生。生而不可與死，死
而不可復生者，皆非情之至也。

——湯顯祖《牡丹亭・題詞》

【山坡羊】沒亂裏春情難遣，驀地裏懷人幽怨。則爲俺生小嬋娟，揀
名門一例、一例裏神仙眷。甚良緣，把青春拋的遠！俺的睡情誰見？則索
因循靦腆。想幽夢誰邊，和春光暗流轉？遷延，這衷懷哪處言！淹煎，潑
殘生，除問天！

——湯顯祖《牡丹亭・驚夢》

（圖4-15）

「問世間、情爲何物？直教生死相許」，這是元代文學家元好問
（1190—1257）《雁丘詞》開首一句，點出了愛情力量的偉大，可以到達
生死相許的地步。古今中外多少文學作品，歌頌了生死不渝的愛情？比如
莎士比亞（1564—1616）名劇《羅密歐與朱麗葉》中男女主人公無法抵抗
家族壓力而爲情自盡，中國民間傳說《梁祝》中梁山伯與祝英台殉情後化

為蝴蝶，這些故事流傳不衰，正印證著我們對崇高愛情的肯定與響往。若你認為生死相許已是愛情的終極表現的話，中國文學會為你介紹另一種更高層次的境界，那就是超越生死的情至境界。這個境界的代表是湯顯祖（1550─1616）的《牡丹亭》。

西元三世紀左右，中國的一些志怪小說已記載了一些為情復生的故事，例如干寶（？─336）的《搜神記》裏有則故事說：王道平的妻子名叫父喻，因為丈夫服役，九年不歸，她的父母逼其改嫁，父喻無奈，後來鬱鬱而終。王道平役滿回來，知道愛妻已死，於是到其墳前哭祭。這時，父喻的鬼魂自墓而出，與王道平相會。王道平破開棺木，父喻死而復生。故事最後一段說：「精誠貫於天地，而獲感應如此。」就是說王道平的愛與真誠感動天地，所以使其妻復生。這一類的故事在中國為數不少，主要表達了人的情感到了極致，可以感動上蒼，改變命運的願望。

湯顯祖是明代的劇作家，他最有名的作品叫「臨川四夢」，包括《牡丹亭》、《紫釵記》、《邯鄲記》、《南柯記》四部作品。其中《牡丹亭》最受人讚賞，堪稱湯顯祖的代表作。這部作品寫杜太守的女兒杜麗娘為愛情死而復生的故事。杜麗娘生於官宦人家，自小知書識禮，按既定的命運，她將會與門當戶對的男子結婚，成為賢妻良母。可是她生性敏感，對於大好年華消耗在深閨之中感到悵惘。就在一個百花盛放的春天，她到家裏的花園遊玩，盎然的春色讓她目不暇給，同時引發她對自己的青春消逝的感傷，結果心情愈來愈低落。本文開篇所引《驚夢》一節內的一曲《山坡羊》，就足以見她如何為春情所困了。她遊園後身心俱疲，昏昏

圖4-15　《牡丹亭還魂記》插圖，明，萬曆武林刊本

杜麗娘自從夢會秀才後，終日鬱鬱不歡。她甚為愛惜自己的容貌，又自知命不久矣，於是畫了一幅自畫像。杜麗娘死後，家人將畫像埋在後園湖邊，後來被柳夢梅偶然拾得，展開了一段人鬼戀愛。

而睡。她在夢裏邂逅了一個書生，並與他歡好，正難捨難離時書生悄然離去。麗娘驚醒，才知道是南柯一夢。從此以後，麗娘對夢中的書生朝思暮想，因此單思成病，不久之後便一命嗚呼。三年後，書生柳夢梅上京赴考，路經麗娘荒廢了的舊居，他在廢園樹下覓得一畫，該畫正是麗娘臨終前的自畫像。當晚，麗娘的鬼魂現身與柳夢梅相見，彼此一見傾心，願意結爲夫婦。爲了還陽，麗娘引領柳夢梅去掘墳開棺，麗娘終於復生，並與柳夢梅私下交拜，成爲夫婦。

柳夢梅於考試之後隻身拜訪麗娘的父親杜寶，告知他已和麗娘成親。杜寶哪肯相信女兒死而復生？他認爲柳夢梅是騙子而將他收押，期間柳夢梅供出破墳開棺的事情。杜寶聽後大怒，嚴刑拷打柳夢梅。就在緊急關頭，皇帝的使者趕到，原來柳夢梅高中狀元。杜寶與柳夢梅於是到皇帝跟前對質，皇帝召麗娘上殿，並用古鏡鑑定她已還陽爲人。最後，在皇帝賜婚下，杜寶終於承認柳夢梅是他的女婿，一家團聚，故事亦就此終結。（圖4-16）

《牡丹亭》寫得最出色的是杜麗娘「情至」的表現。在古代中國，大戶人家的女子是

圖4-16 《牡丹亭還魂記》插圖，明，萬曆武林刊本

杜麗娘還陽後，走到皇帝御前替丈夫柳夢梅作證。皇帝爲驗明她是否真人，命人以古鏡照照她是人是鬼。麗娘當然通過測試，最後亦成功游說皇帝和父親，接受了她和柳夢梅的關係。

不能掌握自己的命運的，特別是婚姻，更必須遵從父母的安排。麗娘意識到自己對愛情的需要，敢於將自己託付給一個夢中邂逅的情郎，一個可能根本不存在的男子，為之單思致死。一般情況下，死是一種終結。但在麗娘的故事裏，她對愛的追求並沒有因為死亡而終結，在碰到柳夢梅後，她一心認定柳夢梅就是她在夢中邂逅的情郎，並為之還陽復生。愛情的力量使她超越生死，我們可以深深感受到她對愛情的渴求和執著，也可看到她要掌握自己的愛情和命運的決心。（圖4-17）麗娘還陽後，和柳夢梅私自成親。雖

圖4-17　《牡丹亭還魂記》插圖，明，萬曆武林刊本

《牡丹亭》刻意寫杜麗娘父親、柳夢梅等人在公共場合討論麗娘的因情復生，就等於向世人昭示：情之至深，可以超越生死。

然她托柳夢梅拜會她的父親，但這並不代表她要遵從「父母之命」。在當時的社會來看，麗娘和柳夢梅是「無媒苟合」，但麗娘並不以之為恥，在該劇最後一幕，麗娘在皇殿上、在眾人面前大膽承認自己的夢中邂逅、因夢而亡、為愛復生和私自成親的行為，她敢於直接面對自己的情感，無懼承受「無媒苟合」的指摘。這個閨中少女對愛情的嚮往和執著，可謂超越了生死及社會規範。文首引用該劇作者湯顯祖的題詞，說杜麗娘為了不知

圖4-18 《牡丹亭豔曲警芳心》民間年畫，清末，天津楊柳青

《牡丹亭》故事深入民心，除了故事情節曲折外，大團圓的結局亦讓人歡喜。「有情人終成眷屬」，是古往今來無數讀者所樂於見到的。

圖4-19 《紅樓夢》插圖，清，改琦《紅樓夢人物圖詠》

《牡丹亭》外，《紅樓夢》也是一部描寫至情至性的文學作品。賈寶玉、林黛玉的戀愛雖然以悲劇收場，但他們為愛的付出卻震撼了無數讀者。

從何而起的情，一往情深，令自己由生到死，由死復生，可說是情之極致。又說夢中之情，誰說不可以是真的呢？中國傳統一向重視社會規範，文學作品亦常常以承載社會道德教化為佳，湯顯祖的《牡丹亭》以情作為書寫對象，肯定杜麗娘對愛情的追求，又賦予她一個大團圓結局，是「以情為教」的最佳演示。（圖4-18）

　　近年來，大家開始逐漸注意中國傳統戲劇，各式的傳統戲劇紛紛在世界各地搬演，其中崑劇《牡丹亭》可算是其中一齣最受歡迎的傳統戲劇。除了表演藝術的精湛外，杜麗娘「為情而亡，為情而生」的態度和舉措，也不斷地震撼觀眾的心靈。該劇中杜麗娘的最後一句唱詞：「普天下做鬼的有誰情似咱？」現今社會，大家都講自由戀愛，愛情的阻力沒有以前那麼大，我們能否更懂得欣賞杜麗娘「一往而深」的愛情故事呢？（圖4-19）

中國文學

⑤

生　活

▍思鄉　斷腸人在天涯

海畔尖山似劍芒，秋來處處割愁
腸。若爲化作身千億，散向峰頭望故
鄉。

　　——柳宗元《與浩初上人同看山寄
京華親故》

　　中國古代的人或爲官上任或受貶被
謫或旅行，都需要離開家鄉，這一別往
往不知多少年，所以中國有不少文學作
品都表現對家鄉的懷思。這些作品許多
都寫到眼前之物象，融情入景，抒發那
種難以排遣的愁緒。上面一首詩是唐代
著名詩人柳宗元寫的，（圖5-1）他在京
城長安出生，是個很有政治抱負的人，
但卻因政治改革上的失利而兩次被貶，

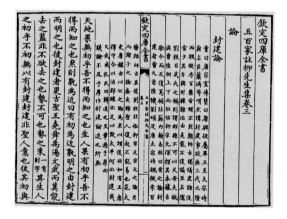

圖5-1　柳宗元集書影，文淵閣《四庫全
書》本《五百家註柳先生集》

柳宗元和韓愈齊名，是唐代古文運動的領導
人物。他參與過王叔文主持的永貞革新，但
當革新失敗後，他的仕途便一直走下坡路，
不住被貶。然而，著名的《永州八記》就是
在他被貶永州時寫成的。

圖5-2　《隔岸望山圖》（局部），元，趙衷繪，紙本墨筆，北京故宮
博物院藏

「以我觀物，物皆著我之色彩」，自然山水本來就如此，並不會因觀看
者之心情而有任何改變。但遊子以思鄉之心看山水，聯想到家鄉的人和
物，融情入景，那自然的山水也就有了人情。

一次被貶到永州（今湖南永州市），另一次被貶到柳州（今廣西壯族自治
區柳州市），這都是遠離家鄉的地方。他寫這首詩時，正身在柳州。我們
可以想像，在一個秋天的日子，詩人登高望遠，卻望不到故鄉，他眼前所
見的一座座高山，就好像利劍一般，切割著他的肚腸。為什麼呢？柳宗元
身在永州十年，在元和十年（815）難得被召回京，本來是喜事，哪知道一
個月後又再次被貶到更遠的柳州；他站在山頭望著家鄉的方向，又怎不心
如刀割呢？家鄉是望不到了，那他只能幻想自己可以分身，站在各個山丘
上遙望故鄉。這種想像包含了多少無奈！（圖5-2）

　　文學需要想像力，想像力源於生活中的真情實感。大文豪可以寫出好
作品，但好的文學作品不一定就出自於大文豪之手。試看詩經、漢樂府之

中，寫到思鄉的詩篇，無不真切動人，如《衛風・河廣》：「誰謂河廣？
一葦杭之。誰謂宋遠？跂予望之。」詩人旅居異地，他的故鄉在河的對
面。雖然可望而不可即，但他偏不服氣，說：「誰說河水廣闊？一根蘆葦
就可以渡過。誰說宋國（詩人故鄉）很遠？我跂起腳跟就看到了。」思鄉
情切時，思緒可以超越現實空間，在想像中排遣鄉愁。又如《魏風・陟
岵》：「陟彼岵兮，瞻望父兮。父曰：『嗟！予子行役，夙夜無已；上慎
旃哉，猶來無止！』」遊子在外地思念故鄉的親人，故攀上山峰遠眺，這
時，情感融入眼前的景物，就引領詩人和讀者走進過去的時空，共同聆聽
著詩人臨行時父親對他的叮嚀。（圖5-3）

圖5-3　《陟岵陟屺圖》，清，高儕鶴
《詩經圖譜慧解》本

「陟」是往上爬，「岵」、「屺」都是
山。遊子爬上高山，看到的或許是壯麗
的河山，或許是飄逸的雲海。但目力再
好，也望不見故鄉。這種難以排遣的鄉
愁，伴隨著遊子的每一步每一程。

5-4 《仿董源溪山圖》（局部），清，王鑑繪，紙本水墨，
北京故宮博物院藏

異鄉人獨自走在小橋流水人家的風景中，恬靜閒適的環境是
帶給他心靈上的安頓？還是讓他更睹物懷鄉？

　　思鄉的作品，色調大多是灰濛濛的，這也是情感所致。例如元代馬致
遠的小曲《天淨沙・秋思》：「枯藤老樹昏鴉，小橋流水人家，古道西風
瘦馬，夕陽西下，斷腸人在天涯。」為何這一系列的景物讀出來的感覺竟
是灰濛濛的？因為最後一句「斷腸人在天涯」指示出閱讀方向：遊子孤身
上路，落寞斷腸。（圖5-4）清末文學家王國維有句名言道：「以我觀物，
物皆著我之色彩。」一個離鄉背井的遊子，他眼中的景物又怎會是色彩斑
爛、鮮活蹦跳呢？（圖5-5）

圖5-5 　《昌黎詩意圖》，
清，王原祁繪，紙本設
色，北京故宮博物院藏

畫家畫的是韓愈《南山
詩》「天空浮修眉，濃綠
畫新就」兩句的詩意。此
畫亦有小橋流水人家，但
卻不覺其有故鄉之思；在
飄逸的遠山浮雲映襯下，
讓人感到出塵與開通。

清代有位著名詞人叫納蘭性德（1655—1685）（圖5-6），有一次他隨康熙皇帝到盛京（今遼寧瀋陽市）祭祖，晚上輾轉不能成寐，就寫了有名的《長相思》：「山一程，水一程，身向榆關那畔行。夜深千帳燈。　風一更，雪一更，聒碎鄉心夢不成，故園無此聲。」正是思鄉病發，詩人變得極度敏感，「山一程，水一程」及「風一更，雪一更」分別從空間和時間上刺痛作者的神經，提醒他現在離鄉越來越遠。可以說，人在異鄉，一草一木、一聲一語都可能觸動鄉愁。中國歷史上有一個很有名的故事，楚漢相爭時，劉邦圍困項羽，使士兵在晚上高唱楚歌，由於項羽軍中多是楚國人，聽到歌聲後以為鄉土淪陷，當下就無心戀戰了。因此，身在他鄉的人一方面惦念故鄉，另一方面又為勾起鄉愁而煩惱，他們的心情是多麼矛盾！有人就用消極的方法試圖減輕鄉愁。例如南唐亡國皇帝李煜被俘虜後，整天想著故國，他所寫的《浪淘沙》裏有「夢裏不知身是客」、「獨自莫憑欄，無限江山，別時容易見時難」等句，意思是只有在夢裏才能暫時忘卻鄉愁，很痛苦，於是便索性不登高望遠了，免得觸景傷情。（圖5-7）李煜的鄉愁當然包括自己的亡國之痛，可是這些作品寫得真切、寫得哀怨纏綿，試問有誰讀了而不

圖5-6　納蘭性德像，清，《清代學者象傳二集》

納蘭性德字容若，官至一等侍衛，曾多次隨駕出巡。他的詞寫得很好，與朱彝尊、陳維崧合稱「清詞三大家」。可惜這位優秀的文學家，三十歲就病死了。

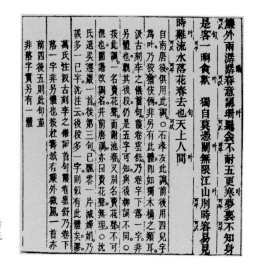

圖5-7 李煜《浪淘沙》，清，萬樹《詞律》
李煜亡國後，詞的境界越發深邃。大抵幽禁
生活，使他每分每刻都想念過去。所以一花
一草、一樓一台都可以寄托愁緒。

為之感動呢？

中國人對鄉土有情，「人離鄉賤」、「寧戀本鄉一捻土，莫愛他鄉萬兩金」等俗語，無非指出了鄉土與我們生命有著某種聯繫。雖然因為種種原因而要離開鄉土，但中國人在情感上仍會眷戀鄉土，認為一切最好的都在鄉土。因此，能夠「落葉歸根」是福氣，「客死異鄉」則是最不幸的遭遇。由於鄉土在古代中國人心中是一個情結，而他們許多又沒法子不離鄉背井，所以他們就寫下大量的文學作品，以寄思鄉之情。有學者在一次演講時說，如果要了解中國，但又沒到過中國，或結識到中國人的話，最好的辦法是讀中國詩，因為這些作品正集中體現著中國人的鄉土情懷。這話可真有道理！文化植根於日常生活，只要有中國人的地方，就會有鄉愁。你看，當今世上許多地方都有唐人街，都有中國人開設的餐館，人在異鄉時總是希望能用另一種方式拉近與祖國的距離，一部《唐詩三百首》、一幅國畫、一曲黃梅調，或者一盤揚州炒飯，都承載著對祖國鄉土的念想，也能讓思鄉情感得到了慰藉。

▍戰爭　萬里長征人未還

　　白日登山望烽火，黃昏飲馬傍交河。行人刁斗風沙暗，公主琵琶幽怨多。野營萬里無城郭，雨雪紛紛連大漠。胡雁哀鳴夜夜飛，胡兒眼淚雙雙落。聞道玉門猶被遮，應將性命逐輕車。年年戰骨埋荒外，空見葡萄入漢家。

——李頎《古從軍行》

　　中國古代無論是改朝換代、鎮壓暴亂，還是抵抗外侮，都離不開戰爭。文學與生活息息相關，翻閱古今中外的文學作品，寫到戰爭的實在不少。不過，戰爭在中國文學作品的焦點與西方的戰爭文學很不同。古希臘荷馬的史詩《伊利亞特》和《奧德賽》，我們看到的是英雄人物的浪漫歌頌、戰爭場面的反覆渲染。史詩後來成爲了西方文學的重要傳統，歷久不衰地演化。可是中國文學呢？它們的焦點大多不在戰爭場面或英雄人物本身，而是由他們（它們）所帶出的沉思，這些沉思具有抒情性，很個人化，即使是夾雜議論，也讓人讀來感傷不已。例如上面李頎（690—751）的這首詩，寫了軍人行旅的辛酸勞碌，寫了塞外戰場的壯闊無邊，寫了士

卒爭戰的慘烈殘酷；但這些描寫都不是詩的焦點，讀者會被詩中具有感情色彩的修辭，牽引出感傷的情調，並由此進入思考戰爭意義的領域。你看，士兵冒著風沙雪雨在塞外紮營，耳邊彷彿聽到公主幽怨的琵琶聲。為什麼是公主？漢代常以「公主」和番，以籠絡外族，如王昭君遠嫁匈奴，

圖5-8　《明妃出塞圖》，金，宮素然，紙本，日本大阪市立美術館藏

關於王昭君的傳說，差不多都是悲劇故事。大抵一個女子，帶著政治任務遠嫁番邦，本來就充滿無奈。如果國力強盛，四夷賓服，昭君的命運應會改寫吧？

劉細君出和烏孫國，這些「公主」許多是假的，隨便被封一個名號就要遠嫁他方，終身不回，她們彈奏的樂曲如何會不哀怨呢？（圖5-8）再看大漠一望無際，野雲連綿，這壯闊的戰場上，看到的不是馳騁沙場的英雄豪傑，而是哀鳴不絕的胡雁及淚流滿面的胡兒；玉門關外戰況慘烈、死傷無

數，但以生命代價換來的卻只是一簍簍的葡萄！這時讀者不禁想：「值得嗎？」這就是中國文學有關戰爭的典型寫法，你越仔細品味詩中的描寫，就越能體會它的感傷情調。

　　戰爭的感傷情調早在二千五百年前的《詩經》中就相當深刻了。《詩經》是我國古代第一本詩歌總集，它分為「風」、「雅」、「頌」三個部分，「風」是各地的民歌，「雅」是文人或士大夫的作品，多涉政治，「頌」則是宗廟祭祀的詩篇。其中，「風」有關戰爭的作品尤其傷感，例如《邶風‧擊鼓》以一名士兵的角度，寫他隨軍南征北戰，不得回家的苦悶，其中「死生契闊，與子成說。執子之手，與子偕老。于嗟闊兮，不我活兮。于嗟洵兮，不我信兮」更是千古絕唱。「我與妳早有約定生老病死都要一起，但現在我征戰在外，生死都不知道，我對妳的誓言只會成空！」這是何等刻骨銘心的傷痛！又如《豳風‧東山》篇，士兵從東山遠征歸來，歸途上一直想念著家鄉的物事，如桑樹啦、蠶蟲啦、枯籐啦，甚至連家裏的蜘蛛也想到了，但最讓士兵掛心的卻是家裏的妻子：「之子于歸，皇駁其馬。親結其縭，

圖5-9　杜甫像，清康熙梁清標刊本《息影軒畫譜》

杜甫有不少詩篇借古諷今，寫出了其時輕啟戰端對民生之負面影響。《兵車行》所寫的送別場景非常震撼人心。杜甫從來沒有將文學抽離於現實生活，他的偉大，就在於他關心國家命運和人民生活。

九十其儀。其新孔嘉，其舊如之何？」新婚後與妻子分離，不知她現在怎樣了？我回家後可以歡愉如舊嗎？種種不確定在士兵心裏縈繞，形成強烈的厭戰情緒。他們不關心戰爭的意義，也不要做戰爭的英雄，只爲與親人愛人的分離永訣而傷感惆悵。

　　如果說平民百姓關注的是死亡與離異，那文人便從鳥瞰的角度思考戰爭的必要性及意義。文人寫戰爭，很喜歡借古諷今，那就是寫古代發生的戰爭來諷刺當下。這一方面可以避過直斥皇帝不是的指控，另一方面又可寫得意味深長。例如唐代大詩人杜甫的《兵車行》（圖5-9），這首詩從士兵出征、親人送別的情景寫起：「車轔轔，馬蕭蕭，行人弓箭各在腰。爺娘妻子走相送，塵埃不見咸陽橋。牽衣頓足攔道哭，哭聲直上干雲霄。」寫到漢朝因爲征戰頻仍、賦稅不絕，以致鄉村零落、家無壯丁、田園荒廢，

圖5-10　《虢國夫人遊春圖》，唐，張萱繪宋摹本，絹本設色，遼寧省博物館藏

虢國夫人是楊貴妃的姐姐。楊玉環一人得寵，全家都得到皇帝照顧，她的哥哥楊國忠手持國柄，幾名姐姐亦獲封夫人，過著窮奢極侈的生活。後來的「安史之亂」，和唐玄宗寵信楊氏有一定關係。

123

百姓竟然生出「信知生男惡，反是生女好。生女猶得嫁比鄰，生男埋沒隨百草」的想法。該詩最後以古戰場白骨遍野、亡魂號哭、天陰慘慘的場景結束。杜甫這首詩寫於唐玄宗天寶年間，「漢皇」實際上指的是唐玄宗。唐玄宗這個皇帝本來當得不錯，但後期卻經常藉機挑起與少數民族的戰爭，以致民不聊生。（圖5-10）例如天寶八年（749）使哥舒翰攻吐番，十年（751）命安祿山攻契丹，唐軍都戰敗，死傷枕藉。當時的文人就寫了不少借古諷今的文學作品。（圖5-11）又如李華（715—766），在當時亦寫了一

圖5-11　《回獵圖》（局部），
遼，胡瓌繪，台北故宮博物院藏

「文教失宣，武臣用奇」，中國讀書人相信儒家學說能夠安邦定國，亦正因為禮教沒有行於天下，所以外族才會侵略我們。

篇《弔古戰場文》，極寫戰爭的酷烈及古戰場的陰森慘淡，從而帶出戰爭有正義及不義之分，只有在「文教失宣」的時候，才會「武臣用奇」的。這樣，唐玄宗的輕啓戰端，又怎會是正義的做法呢？（圖5-12）再看差不多同時的一首絕句，王昌齡（？—約756年）的《出塞》：

秦時明月漢時關，萬里長征人未還。但使龍城飛將在，不教胡馬度陰山。

明代有評論家認為這首詩是七絕詩中最好的一首，王昌齡亦有「七絕

圖5-12　《元世祖出獵圖》（局部），元代，絹本設色，台北故宮博物院藏

朝廷積弱，使邊疆不斷受到侵擾，到宋代算是最嚴重。遼人、金人、蒙古人先後寇邊，北宋、南宋也因為外族入主而覆亡。

聖手」的美稱。這首詩很巧妙地將士兵所處的關外景物，置入歷史的脈絡裏，使我們讀到無論秦、漢還是現在，都有士兵遠征在外，不得歸家。而當中的原因呢？就是因爲沒有古代名將李廣（人稱「飛將軍」）爲我們守護邊疆啊。至於現在呢？邊患頻繁，到底是無人可用還是有人不用呢？那就讓人深思了。由此可見，文人除了寫戰爭帶給士兵、百姓的不幸外，還有更深層次的思考，從而形成沉重深刻的感傷情調。

▌歷史　自將磨洗認前朝

美人自刎烏江岸，戰火曾燒赤壁山，將軍空老玉門關。傷心秦漢，生民塗炭，讀書人一聲長歎。

——張可久《賣花聲·懷古》

歷史在中國人心中，從來不只是一件件已經發生了的事情，它可以引發中國人無窮無盡的聯想。所謂「發思古之幽情」，文學家思考歷史時，總會不自覺地將個人體會（「幽情」）寄寓其中，寫成主（個人體會）客（歷史事實）交融的文學作品。文學需要想像力，歷史又何嘗不需要想像力呢？你看司馬遷的《史記》，寫項羽少年時看到秦始皇出巡，（圖5-13）跟其叔叔說「彼

圖5-13　《始皇泰山封禪圖》，清，吳歷繪《人物故事圖冊》，絹本設色，北京故宮博物院藏

秦始皇自封為第一個皇帝，不僅用武力統一全國，更從制度上融合了戰國時四分五裂的狀況，雖然國祚僅十五年，但他的氣魄不可謂不大。或許正因為如此，他才成為中國文學作品中一位被後世文人經常提及的歷史人物。

圖5-14　項羽像，明刻本《歷代古
人像贊》

項羽武功高，很會打仗，為人亦豪
氣萬丈。雖然在爭霸的過程輸給了
漢代的開國皇帝劉邦，但他的故事
如破釜沉舟、鴻門宴、霸王別姬、
烏江自刎等，都富有傳奇，是文學
作品的上佳題材。

圖5-15　司馬光像，明刻本《歷代
古人像贊》

司馬光主持國政，地位崇高。他的
政治主張較保守，曾多次反對王
安石的新法。他所編的《資治通
鑑》，是中國歷史上第一部按年份
編的通史，記述了從春秋時代三家
分晉，到五代後周共16個朝代的歷
史事件。

可取而代之」，誰知道項羽有否說過這句
話。（圖5-14）又如寫到刺客豫讓為了報仇，自
毀容貌，在市內行乞時被朋友認出，大談忠
臣不仕二主的道理，誰聽到了他們的談話？
難道有史官在旁記錄嗎？誰可以說這些描寫
忠實可信呢？所以歷史與文學同樣需要想像
力，只不過二者的目的不同：歷史學家運用
想像力去追求和解釋歷史意義，文學家則在
歷史的想像中馳騁，以抒發其感興。

　　歷史是一面鏡子，宋代司馬光（1019—
1086）編的歷史書《資治通鑑》，這部書名
的意思就是說歷史可以作為治理國家的鏡
子。（圖5-15）這就是歷史的意義。翻翻《古
文觀止》就會發現，那些有名的政論文都會
用「借古論今」的手法。例如西漢賈誼（前
200—前168）的《過秦論（上）》，將秦滅
六國到失敗亡國的歷史寫得簡潔而有氣勢，
最後畫龍點睛地指出秦國強大，但竟亡於無
名小卒之手，其原因只在「仁義不施」。這
是多麼有力量的評斷！賈誼這篇文章以歷史
為鏡子，提醒漢文帝要重視仁義，他要解決
的是當下的問題，而不僅僅是講故事而已。
又如宋代歐陽修的《朋黨論》，以堯、舜時
代的史事帶出君子之朋可以興邦，小人之朋
則會誤國的道理，回敬現實中政敵對自己結

黨的指控。（圖5-16）再如宋代大名鼎鼎的蘇氏三父子（蘇洵、蘇軾、蘇轍），他們都寫過《六國論》，都是用六國被秦國滅亡的史實來「借古論今」，其中以父親蘇洵（1009－1066）一文最為精彩，該文開宗明義說六國之所以滅亡，不是將士不夠勇猛、不是兵器不夠精良，而是賄賂秦國。當時宋與外族打仗，經常戰敗，於是割地賠款。蘇洵此文表面論六國，實則論時政，他深刻地道出賄賂敵人，最終必然敗亡的道理，希望皇帝可以汲取歷史教訓。中國詩歌有一類叫「詠史詩」（圖5-17），也是從歷史興亡得失之中抒發個人感興。比如唐代杜牧（803－852）的《赤壁》：「折戟沉沙鐵未銷，自將磨洗認前朝。東風不與周郎便，銅雀春深鎖二喬。」寫的是三國時代赤壁之戰，詩人不正面寫吳軍如何大勝曹軍，反而選擇了寫一個假設：若然吳軍此戰不利，那兩位夫人便肯定被擄，只能被幽禁在曹

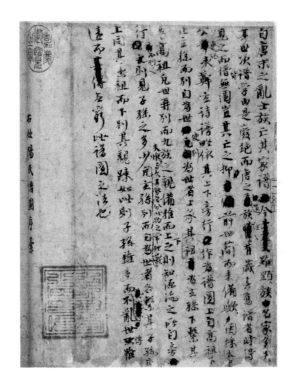

圖5-16　《自書詩文手稿》，宋，歐陽修書，紙本，遼寧省博物館藏

歐陽修字永叔，號醉翁，是北宋名臣。他善於提攜後進，蘇氏三父子（蘇洵、蘇軾和蘇轍）都由他一手提拔。他主政時，鼓吹繼承韓愈文風，撰寫質樸而實用性強的古文，促成了北宋的古文運動。

圖5-17 《赤
壁夜遊》民間
年畫，清初天
津楊柳青

蘇東坡的《赤
壁賦》家喻戶
曉，本年畫亦
以此為題，描
畫蘇東坡在赤
壁下遊覽，發
思古之幽情的
情景。

圖5-18 　《赤壁圖》（局部），明，袁尚統繪，北京故宮
博物院藏

赤壁之戰是西元二世紀發生的重大戰役，是三國鼎立局面
形成的關鍵事件。當時曹操數十萬大軍南下，孫權、劉備
組成聯盟，以數萬水軍大破曹軍於赤壁，成為歷史上其中
一場最經典的以少勝多的戰役。

魏的銅雀台裏深深歎息了。（圖5-18）這種寫法出入於歷史真實與假設，可算是匠心獨運。又好像本篇開首所引的張可久（約1270—約1384）的《賣花聲‧懷古》，連續引用虞姬烏江自刎、三國赤壁大戰，及漢代班超鎮守玉門關的史事，發出「生民塗炭」的感歎。更深刻的是最後一句「讀書人一聲長歎」：在這種生命瞬間灰飛煙滅的亂世下，讀書人可以做些什麼呢？這種對現實的無奈及無力感，統統蘊藏在「一聲長歎」之中。可以說，歷史與文學結合後產生出厚重感，在作者的引領下，讀者可以透徹敏銳地觀察歷史得失，以觀照現實。所以，歷史、文章雖然已是過去式，但「借古論今」的智慧在何時何地都肯定有其意義的。

中國文學與歷史的因緣可以更複雜、更浪漫。楊貴妃固然跟「安史之亂」有很大關係，但在文學家的手裏，她的故事可以變得很浪漫。你看白居易的《長恨歌》，詩中著力寫的是楊貴妃與唐玄宗生死不渝的愛情故事，楊貴妃被賜死後，唐玄宗很傷心，日夜想念，於是派使者上天入地訪尋，終於在蓬萊仙山找到楊貴妃。楊貴妃與唐玄宗天人相隔，只得將金釵金鈿（古代女

圖5-19　《梧桐雨》插畫，明萬曆臧氏刊本《元曲選》

作者為白樸（1226—？）。故事取材自白居易《長恨歌》，寫唐玄宗和楊貴妃相愛，「安史之亂」時，玄宗被逼賜死楊貴妃。後來，玄宗回朝後在夢裏與楊貴妃相見，並被雨打梧桐葉的聲音驚醒。

子髮飾）各折一半，著使者帶回，以表盟誓。這不是一個很動人的故事嗎？（圖5-19）歷史在文學中，又怎會只得治亂興亡的大教訓呢？中國文學中很多的經典之作，都改編自歷史故事，除了剛提到的楊貴妃外，如元代關漢卿（約1220—1300）的雜劇《漢宮秋》，改編了昭君出塞的故事，寫漢元帝與王昭君真心相愛，但在匈奴的威逼下，無奈將王昭君送去和親。結果王昭君在邊疆投水而死，其魂魄與漢元帝在夢中相會。又好像羅貫中（約1315—1385）的《三國演義》（圖5-20），寫東漢至三國的故事，大致上不違背史實。此書以劉備的蜀漢集團爲中心，極寫劉備的仁慈、曹操的狡詐、諸葛亮的睿智、關羽

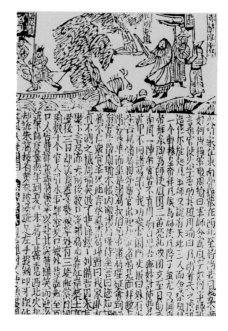

圖5-20　《三分事略》書影，元至元建安書堂刊本《新全相三國志故事》

三國時代，英雄輩出，他們鬥智鬥力的故事，成爲小說家敷衍故事的資源。宋代有一種技藝叫「說書」，有專講歷史故事的，附圖《三分事略》就是從這種說話藝術演變而來的文字文本。

的忠勇等，讀來愛憎分明、爽快無比，有些人反而以爲該書就是史實了。（圖5-21）至於《水滸傳》、《西遊記》（圖5-22）、《說岳全傳》、《隋唐演義》等小說，及《牡丹亭》、《桃花扇》、《紫釵記》等傳奇，以至《帝女花》、《趙氏孤兒》等經典劇目，更無一不與歷史有關，無一不是在歷史的基礎上發揮創作的。試問，如果將歷史元素抽走，中國文學會變成怎樣呢？

圖5-21　《三國志通俗演義》插圖，明萬曆金陵萬卷樓週曰校刊本

《三國志通俗演義》在明清算得上是流行讀物，讀的人很多。出版商（刻書者）為了吸引讀者，刻印該書時往往做出修訂，例如加入插圖、詩歌等材料，甚至做了文字修訂。故此書早已不是羅貫中撰寫完成後的樣子了。

圖5-22　《西遊記》插圖，明萬曆世德堂刊本

《西遊記》寫的是唐代高僧玄奘到西域取佛經的故事。玄奘歷史上真有其人，取經亦真有其事；但孫行者、豬八戒等角色卻出自小說家的精心巧構。

▌娛樂　遊心寓目，傳述奇聞

寶玉道：「妹妹，若論妳，我是不怕的。妳看了，好歹別告訴別人去。眞正這是好文章！妳要看了，連飯也不想吃呢！」一面説，一面遞過去。黛玉把花具放下，接書來瞧。從頭看去，越看越愛，不頓飯工夫，將十六齣俱已看完。自覺辭藻警人，餘香滿口。雖看完了書，卻只管出神，心內還默默記誦。

——曹雪芹《紅樓夢》第二十三回

閱讀文學作品，可以讓人樂以忘憂，甚至情感激盪，感慨無限。這種滋味，相信不少愛讀書的人都嘗過。古代沒有電視，沒有電玩，沒有互聯網，文學是他們其中之一種消遣活動，也是他們交際上的談話資源。宋代歐陽修在《六一詩話》裏就說過，文學作品及文人逸事可以用來「資閒談」。至於創作文學更是一件賞心樂事了。古時，文人常有聚會，會上除了飲酒聽曲之外，寫詩作文更是不可或缺，故他們稱這種聚會作「雅集」。（圖5-23）至於小說，它的娛樂性就更明顯了。雖然，我們都知道中國的文學作品多有寄託，也就是在字裏行間蘊含一些訊息，如懷才不遇、

135

圖5-23　《西園雅集圖》，明，李士達，絹本設色，蘇州博物館藏

雅集是古代文人聚會的美稱。西園雅集是北宋的一次盛會，元祐年間，以蘇軾爲首的十多位著名文人，在西園聚首一堂。

諷刺時弊等；但作者們還是很自覺地要將作品寫得精彩好看的。漢代的班固寫了一首詠史詩，很枯燥，被後人評爲「質木無文」，即像一塊光禿禿的木質，沒有文采光澤。試問有哪一個作家喜歡人家將自己的心血作品評作「質木無文」呢？特別是小說一類作品，若然故事寫得不精彩、人物寫得不生動，讀者讀不下去，那些深刻的寄託及意蘊又有何用呢？所以，孔子說得沒錯，他說「知之者不如好之者，好之者不如樂之者」，寫文學作品、讀文學作品都應該是件好玩快樂的事兒。

　　早在魏晉南北朝（距今超過一千五百年），作家就很重視作品的娛樂性了。那時有位作家叫干寶，他擅長寫鬼怪故事，亦自稱親眼見過死人復生。爲了證明鬼神不是虛妄，他寫了本《搜神記》，記載了許多稀奇古怪的神鬼故事。例如有個很勤奮的書生，一晚有一位美女登門造訪，要跟他結婚。美女對書生很好，但要求書生三年內不能用燭火照看她。如此過了兩年，夫妻婚姻美滿，還生了一個兒子。怎料一晚書生好奇，用燭火照了美女一下，駭然發覺美女的下身竟是枯骨。原來這位美女是鬼，需要三年才能恢復人身。又如有個行爲放浪的文人，死後升仙，要皇帝及人民建一座廟供奉他，竟然幾次施法，使怪事連連，如蟲蟻入耳、到處大火等，最後皇帝只好下詔替他立廟。這些故事寫得很簡單，但都寫得新奇有趣。干

虬髯客二
負心可畏非公世界

圖5-24　虬髯客像，清，任渭長《三十三劍
客圖》

《虬髯客傳》的作者是杜光庭。有論者指
出，該傳奇有為唐皇朝正面宣傳的目的。篇
中之虬髯客為不世之才，但他一見唐太宗李
世民之面，便自愧不如，遠走異域以求發
展。

137

寶在該書的序中表明，該書是寫給好奇的人「遊心寓目」的，即讓人看了愉快的意思。到了唐代，「傳奇」的小說很流行，「傳奇」就是「傳述奇聞」，也是以寫一些奇異見聞為主的。這種小說相當特別，是作者刻意將當時的時事及人物傳說，加入自己的想像而創作的。如《虯髯客傳》（圖5-24）（圖5-25）載唐太宗李世民、功臣李靖發跡前的故事，《長恨歌傳》寫唐明皇與楊貴妃的愛情故事，（圖5-26）《霍小玉傳》寫才子李益辜負霍小玉的故事等。這些故事寫得很精

圖5-25　《紅拂圖》，明，尤求繪，紙本墨筆，北京故宮博物院藏

紅拂女本是楊素歌姬，後來與李靖私奔，中途又與虯髯客結拜。後人將虯髯客、李靖和紅拂女稱為「風塵三俠」。

圖5-26 《明皇窺浴圖》（影印），宋，張擇端繪，絹本，北京故宮博物院藏

白居易《長恨歌》云「溫泉水滑洗凝脂」，楊貴妃出浴成了歷史傳說裏的一個著名場面。本圖寫唐玄宗側身窺視楊貴妃出浴，渲染了玄宗對楊貴妃美色的著迷。

彩，不僅情節緊湊，人物形象也鮮明突出；此外，許多還在篇末加入作者及其朋友對該事的評論，以帶出一些思考及教訓。需知道，唐代讀書人通過考試入官，而考卷沒有隱名，所以就引起「行卷」的風氣，考生在考試前將自己的作品投遞給主考官看，博取其關注，希望考官對他有印象。因此，作品能不能讓考官有一夕之消遣，及讓其覺察到自己的抱負或政見就相當的重要了。「行卷」的風氣以現今的角度來看是不健康的，但由此而催生出一篇篇精彩絕倫的傳奇小說，不能不說是中國文學史上的意外收穫了。

圖5-27 《清明上河圖》
（局部），明，仇英仿宋
張擇端《清明上河圖》，
絹本設色，遼寧省博物館
藏

宋代的戲劇文本雖然沒有
明清兩代那麼成熟，但其
時表演藝術相當豐富，也
有不少藝人在臨安城裏靠
表演維生。著名的《清明
上河圖》就有不少街頭表
演的場景。該畫由翰林院
畫師張擇端繪畫，據說歷
時十年才完成。

圖5-28 《二八巾幗鬚
眉》版畫，清，吳友如
《點石齋畫報》

古時的瓦肆就是江湖賣藝
者的聚集地，勾欄就如現
今的戲棚。附圖所畫的是
戲子在後台化裝、穿戴戲
服的情景。

　　動人的故事誰都愛聽，自宋以後，各種表演藝術在民間大受歡迎，例如說話、鼓子詞、戲曲、雜劇，文學作品的流傳就不僅通過文字了。（圖5-27）（圖5-28）這些作品的共同點是能夠表演、故事性強、文詞通俗，大眾不僅能從這些表演中得到感官上的享受，同時亦能汲取沉澱其中的文化精華。（圖5-29）說話是宋代極其流行的一種表演，說話者在表演場地（當時稱之為「瓦肆」「勾欄」）演說各類故事，例如歷史、佛經等故事；有些說話者甚至是某種故事的演說專家，例如霍四究專講三國故事，尹常賣擅長說五代史，都是名噪一時的說話表演者。這些說話專家很能捕捉聽眾的心理，《醉翁談錄》就說他們「講論處不滯搭、不絮煩；敷演處有規模、有收拾；冷淡處提掇得有家數，熱鬧處敷演得越久長」。有些說話的底稿被整理及保存下來，現在還看得到。例如《快嘴李翠蓮記》就寫一個

圖5-29　《單刀赴會》民間年畫，清末天津

三國時，吳蜀為了荊州主權，屢次交涉未果。於是東吳便設計宴請荊州守將關羽，希望將他扣留，以奪荊州。哪知關羽智勇過人，竟然單刀赴會，最後更全身而退。關漢卿以此撰成《關大王單刀會》一劇。

圖5-30 《大宋宣和遺事》插圖，明，崇禎刊本

梁山泊好漢聚義的故事，在宋代已廣爲流傳，《大宋宣和遺事》
就是其中一個記載宋江等人事蹟的文本。該書寫到的好漢已有36個
人，是後來《水滸傳》故事的其中一個藍本。

性格爽直兼口沒遮攔的媳婦，將夫家娘家的人罵個痛快，對煩瑣禮節及人
情虛偽的蔑視躍然紙上；又如《大宋宣和遺事》（圖5-30）裏寫了奸臣把持
朝政、梁山英雄嘯聚山林的故事，都很引人入勝，後來更成爲名著《水滸
傳》的故事藍本。（圖5-31）至於鼓子詞，表演時敲鼓爲節拍，邊說邊唱。
最有名的鼓子詞可以說是《元微之崔鶯鶯商調蝶戀花鼓子詞》了，這個作
品改編自唐傳奇《鶯鶯傳》，講述張生和崔鶯鶯的愛情故事，但無論在人
物還是劇情方面都作出了不少改動。元代的王實甫（1260—1336）就在這

魯提轄拳打
鎮關西

圖5-31　《忠義水滸傳》插圖，明，萬曆天都外臣刊本

《水滸傳》的作者有指是施耐庵，亦有一說是羅貫中。該書將梁山好漢
一百零八人的故事組織拼湊，寫梁山泊的壯大，與朝廷的對抗，及後來
的接受招安。是中國古代最流行的章回小說之一。

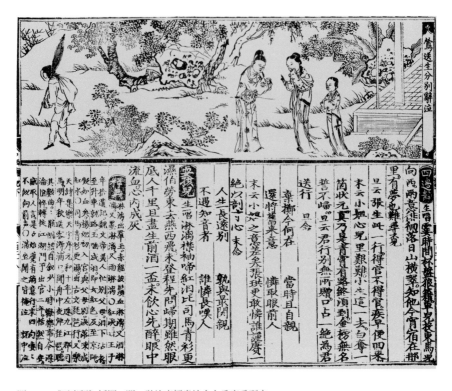

圖5-32　《西廂記》插圖，明，弘治京師書坊金台岳家重刊本

《西廂記》中，崔鶯鶯和張君瑞相愛遭到家中長輩反對，二人私訂終身，好不容易才能克服障礙，團圓結合。附圖是《西廂記》的書影，該節寫張君瑞上京赴考前，崔鶯鶯與他送別的情形。

個作品的基礎上，寫成中國雜劇史上的不朽之作——《西廂記》。（圖5-32）（圖5-33）可以說，民間表演藝術的興盛，影響了小說、戲曲等文學創作，使之雅俗共賞。文學不是文人雅士的專利，讀者層面愈闊，其形式及內容就愈紛繁，文學的生命力就能生生不息。即如現在新媒體時代，文學作品可以改編

圖5-33　《西廂記》插圖，明，喬山堂劉龍田刊本《重刻元本題評音釋西廂記》

《西廂記》改編自唐傳奇《鶯鶯傳》，故事本來是一個悲劇，張生賽情薄倖，他和崔鶯鶯最終分開。後來金代有《董解元西廂記諸宮調》，已改成團圓結局。

墙角聯吟

墙角詠新詩試引佳人興
□□□□□

園中廣□□韻更添才子情懷

成電影電視，也可以反過來改編電影電視的故事；互聯網更加是發表文學作品的大平台，閱讀欣賞評論，就在一彈指之間。如此，文學眞眞正正進入我們的生活。（圖5-34）

話說回來，到底什麼書讓賈寶玉和林黛玉看得如此入迷？那便是《西廂記》了。（圖5-35）

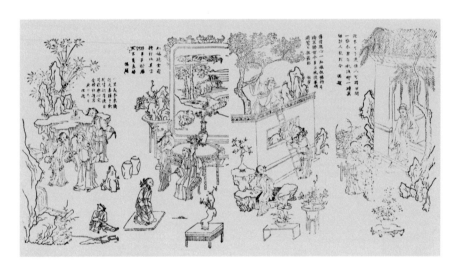

圖5-34　《西廂記》民間年畫，清中葉，山東濰縣

《西廂記》的故事在中國廣爲人知，張君瑞、崔鶯鶯和紅娘等角色早已深入人心。附圖年畫將《西廂記》故事的著名場景拼湊成畫，當中亦見對崔鶯鶯、紅娘等形象的生動描繪。

香菱

賈兰

圖5-35 《紅樓夢》插圖，清，改琦《紅樓夢人物圖詠》

《紅樓夢》通行本爲一百二十回。曹雪芹生前只完成了八十回，後面四十回是由高鶚續寫的。該書描寫角色心理極爲細膩，深刻地刻畫了賈寶玉、林黛玉等人的性格和命運，是中國小說史上不可多得的佳作。

147

▍飲酒　何以解憂，唯有杜康

對酒當歌，人生幾何！譬如朝露，去日苦多。慨當以慷，憂思難忘。何以解憂？唯有杜康。

——曹操《短歌行》（節錄）

中國古代祭祀時有一個程序叫作「酹」，就是把酒灑在地上以祭神靈。神靈是否好酒，我們很難知道，但愛酒的文人真的數不勝數，陶淵明的詩作「篇篇有酒」，歐陽修自號「醉翁」，（圖5-36）蘇軾酒量很淺，但卻喜歡「把盞為樂」，甚至看到他人飲酒也會有醉意。從古到今有多少傳誦千古的文學作品及趣聞逸事都與酒有關。相傳古代有一個人名叫杜康，善於釀酒，後來「杜康」就成了酒的代名詞了，例如上面所引曹操（圖5-37）（155—220）的詩「何以解憂？唯有杜康」、白居易《酬夢得比萱草見贈》「杜康能散悶，萱草解忘憂」、皮日休（約834—約902）《酒中十詠·酒床》「滴滴連有聲，空凝杜康語」等，「杜康」是文人的知心好友，令飲者樂以忘憂。文人聚會時，酒是不可缺少的，以前有一種遊戲叫作「曲水流觴」，文人坐在河邊，將盛滿酒的酒杯順流而下，接到酒杯

圖5-36 《醉翁亭圖》（局部），明，仇英繪，
北京市文物公司藏

歐陽修被貶滁州時，曾自號醉翁，寫了《醉翁亭記》這篇著名散文。附圖以該文為題材，繪畫了歐陽修在亭中飲酒作樂，百姓在附近遊玩的情景，形象地展示了歐陽修與民同樂的親和優點。

圖5-37 曹操像，明刻本《歷代古人像贊》

曹操在傳統戲曲和小說中多被塑造成奸雄、漢賊的形象。姑勿論其功過忠奸，他在文學上是相當有成就的，《短歌行》、《薤露行》等詩都是水平甚高的文學作品。

的文人就要呷一口酒，賦一首詩。（圖5-38）又有「行酒令」遊戲，玩法很多，最常見的是一人為令官，先出一詩或對句，然後由其他人「續令」，即按令官的意思來吟詩造句，倘若續不出，就要罰飲酒了。這些文雅的玩意兒除了考較文才外，往往能讓會上賓主無分貴賤，一室皆歡，是古代文人很重要的聯誼活動。（圖5-39）

　　如果問中國哪個朝代的文人最愛喝酒，只怕要數魏晉時代了。那時的文人不但愛喝酒，而且還往往喝得很凶。《世說新語‧任誕》專記魏晉時

圖5-38　《蘭亭修褉圖》，明，文徵明繪，絹本設色，臺灣歷史博物館藏

東晉永和九年（353），王羲之、謝安等四十多位名士，在蘭亭（今浙江紹興城西南）舉行了雅集。他們席地坐在溪邊，將酒杯放在小溪上，邊飲酒邊作詩。後人稱這種優雅活動作「曲水流觴」。

圖5-39　《元夜雅集圖》，明，陸治繪，紙本設
色，上海博物館藏

雅集豈可無酒？酒可以催發詩人的才情，可以讓
雅集氣氛變得更熾熱。酒在中國文學傳統裏有其
雙面性，孤清寂寞時需要它，歡樂熱鬧時亦需要
它。

代文人荒誕不經的逸事，其中就有近三十篇和喝酒有關。例如劉伶（約221—300）酗酒，他的妻子勸其戒酒，他推說要祭告神靈後才戒，著其妻預備好酒肉作祭品。怎料劉伶祭告完畢後立即將酒肉喝光吃掉，醉倒在地。（圖5-40）又如有位做官的仁兄外號叫「三日僕射」，因為他曾經醉酒三日不醒。又一人名叫王佛，他自言三日不飲酒，便「形神不復相親」，簡直認不出自己了。由此可知，魏晉文人的「放誕」與好酒有著密切關係。不過，魏晉文人的沉醉杜康可能有些無奈，那時候政治很黑暗，動不動就會惹來殺身之禍，所以有些文人就以醉酒來作為拒絕權貴的借口。例如「竹林七賢」之一的阮籍（210—263），他名滿天下。（圖5-41）當時的

圖5-40　劉伶像，清康熙梁清標刊本《息影軒畫譜》

劉伶蔑視禮教，極嗜酒，有關他的故事幾乎都和醉酒有關。附圖的他衣襟敞開，身旁有酒，相當生動地描繪了他放誕不羈的性情。

圖5-41　《竹林七賢和榮啓期》磚畫，南朝，青磚模印

「竹林七賢」指晉代七位名士，包括阮籍、向秀、嵇康、山濤、劉伶、阮咸、王戎。他們拒絕與司馬氏政權合作，隱居山林，並常在竹林間聚集喝酒。這七人最後有的死了；有的佯瘋；有的最後屈服，投靠了朝廷。

權臣司馬昭（211－265）想將女兒嫁給他，派使者向阮籍求婚，哪知阮籍連續醉了十天，這椿婚事結果不了了之。在生命朝不保夕的時代，談什麼功名利祿都是徒勞，當時的文人滿腹牢騷，無處排遣，只有用酒來麻醉自己。現在我們常說「魏晉風度」、「風流名士」，這些名士的「風流」只怕很有些無可奈何的味道。（圖5-42）劉伶有篇名作《酒德頌》，寫一個「大人先生」，蔑視天下一切事物及禮法，對批評者的聲音置若罔聞。153

圖5-42 《淵明醉歸圖》，明，張鵬繪，紙本設色，廣東省博物館藏

陶淵明也喜飲酒，他寫有《飲酒詩》二十首，一方面描寫了醉後的精神狀態，一方面表達對隱居生活的愛好。名句「採菊東籬下，悠然見南山」就出於這組詩的第五首。

154

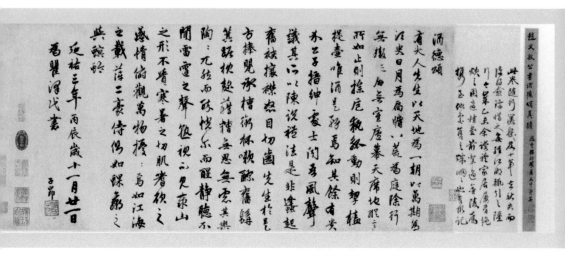

圖5-43　《行書〈酒德頌〉》，元，趙孟頫書，紙本，北京故宮博物院藏

閱讀文學作品可以跟古人交朋友。一篇《酒德頌》，劉伶作之，趙孟頫寫
之，我們讀之，雖然時空不同，但讀之同樣讓人感覺到客觀世界對作家和書
法家的壓力，以及借飲酒作紓解之無奈。

「大人先生」固然很爽快豪邁，但焉知爽快豪邁的背後不是無可奈何的隱
隱作痛呢？（圖5-43）

　　酒與中國文學的不解之緣，在唐代大詩人李白身上有絕佳的體現。有
關李白與酒的傳說有很多，如醉酒向皇帝獻詩、水中撈月而亡等。李白號
「詩仙」，酒就是他「仙氣」的重要組成部分，這可不是虛言，他很多有
名的作品都和酒脫不了關係。例如《將進酒》中的「人生得意須盡歡，
莫使金樽空對月」、「鐘鼓饌玉不足貴，但願長醉不復醒。古來聖賢皆寂
寞，唯有飲者留其名」、「五花馬，千金裘，呼兒將出換美酒，與爾同銷
萬古愁」。全詩一氣而下，豪邁奔放，詩人但求一醉解千愁的渴求躍然紙
上。很明顯，喝酒是快樂的，但追求快樂的同時是為了忘掉煩憂。那麼，
詩、酒與詩人的情緒成了一個有機結合體，互相牽引。試看李白的那些

名句：「抽刀斷水水更流，舉杯銷愁愁更愁」
（《宣州謝朓樓餞別校書叔雲》）、「花間一
壺酒，獨酌無相親。舉杯邀明月，對影成三
人」（《月下獨酌》）、（圖5-44）「對酒不覺
暝，落花盈我衣。醉起步溪月，鳥還人亦稀」
（《自遣》），可以說得上是酒影處處，處處
詩情。應該說，酒解放了李白的精神及個性，
催生了一篇篇才氣橫溢的佳作。還是杜甫形容
得妙，他的《飲中八仙歌》寫道：「李白一斗
詩百篇，長安市上酒家眠。天子呼來不上船，
自稱臣是酒中仙。」（圖5-45）（圖5-46）

　　現今社會，我們知道喝酒壞處很多，什麼
「酒能亂性」、喝酒傷身，若然酗酒的話就更
不堪了。我們現在稱呼嗜酒的人作「酒徒」或

圖5-44　《草書李白〈月下獨酌〉詩》，明，宋廣書，紙本，北京
故宮博物院藏

李白嗜酒，舉世皆知。附圖是明代書法家宋廣，以草書寫李白
《月下獨酌》第二首。此作字體瘦勁，騰飛而流暢，與李白該詩
的風格相當吻合。

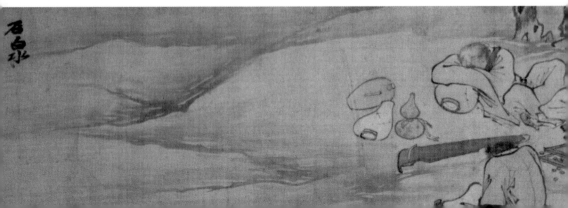

「酒鬼」，頗有傷風敗德的意味。回頭看，中國文學史上倘若沒有這些「酒鬼」，那些驚世駭俗的醉中佳篇又從何談起呢？

圖5-45　《飲中八仙圖》（局部），明，尤求繪，紙本水墨，北京故宮博物院藏

杜甫有《飲中八仙歌》，描寫了唐代八位名士豪飲的醉態，這八人是李白、賀知章、李適之、李璡、崔宗之、蘇晉、張旭和焦遂。

圖5-46　《醉飲圖》（局部），明，萬邦治繪，絹本設色，廣東省博物館藏

另一幅以杜甫《飲中八仙歌》詩意為題的畫作。此畫中八人醉態各異，有的臥倒地上，有的大發議論，有的殷勤勸飲，有的倚樹踱步。

參考文獻

[1] 葛曉音。詩國高潮與盛唐文化[M]。北京：北京大學出版社，1998。

[2] 龔鵬程。文學散步[M]。北京：世界圖書出版公司，2006。

[3] 華瑋。湯顯祖與牡丹亭（上、下）[M]。台北：中央研究院文哲所，2005。

[4] 林庚。唐詩綜論[M]。北京：清華大學出版社，2006。

[5] 林庚。中國文學簡史（插圖本）[M]。北京：北京大學出版社，2007。

[6] 劉大杰。中國文學發展史[M]。天津：百花文藝出版社，2007。

[7] 劉若愚。中國詩學[M]。杜國清，譯。台北：聯經出版社，1981。

[8] 魯迅。中國小說史略[M]。上海：上海古籍出版社，1998。

[9] 錢鍾書。談藝錄[M]。北京：三聯書店，2001。

[10] 施蟄存。唐詩百話[M]。上海：華東師範大學出版社，2001。

[11] 王德威。抒情傳統與中國現代性：在北大的八堂課[M]。北京：三聯書店，2010。

[12] 王洪。古代詩歌精萃鑑賞辭典[M]。北京：北京燕山出版社，1989。

[13] 王夢鷗。文學概論[M]。台北：藝文印書館，1982。

[14] 夏志清。中國古典小說史論[M]。胡益民，石曉林，單坤琴，譯。南昌：江西人民出版社，2001。

[15] 徐復觀。中國文學精神[M]。上海：上海書店出版社，2006。

[16] 葉維廉。中國詩學[M]。北京：人民文學出版社，2006。

[17] 宇文所安。他山的石頭記：宇文所安自選集[M]。田曉菲，譯。南京：江蘇人民出版社，2006。

[18] 袁行霈。中國文學史[M]。北京：高等教育出版社，1999。

[19] 鄭振鐸。中國俗文學史（插圖本）[M]。上海：上海人民出版社，2006。

[20] 朱光潛。詩論[M]。北京：三聯書店，1998。

[21] 朱自清。詩言志辨[M]。鄔國平，講評。南京：鳳凰出版社，2008。

國家圖書館出版品預行編目（CIP）資料

情意流轉：中國文學 / 葉倬瑋著 . — 初版 . —
臺北市：風格司藝術創作坊，2015.07
面；公分 . --（中華文化輕鬆讀；10）
ISBN 978-986-91787-0-9（平裝）
1. 中國文學史

541.26208　　　　　　　　　　104006939

情意流轉：中國文學

作　　者：葉倬瑋
出　　版：風格司藝術創作坊
發 行 人：謝俊龍
責任編輯：苗龍
企劃編輯：范湘渝
　　　　　106　台北市大安區安居街 118 巷 17 號 1 樓
　　　　　TEL：886-2-8732-0530　　FAX：886-2-8732-0531
　　　　　E-mail：mrbhgh01@gmail.com
總 經 銷：紅螞蟻圖書有限公司
出　　版：114　台北市內湖區舊宗路二段 121 巷 19 號
　　　　　TEL：886-2-2795-3656　　FAX：886-2-2795-4100
　　　　　http//www.e-redant.com
初版一刷：2015 年 7 月
定　　價：280 元

ISBN　978-986-91787-0-9　　　　　　　　　　　　　　Printed in Taiwan

Knowledge House   Walnut Tree